34세 부업의 신

노트북 하나로
시작해
월 1,000만 원을
버는

34세

부
업
의
신 神

황기준 지음

LNN
도서출판 린

노트북 하나로 시작해 월 1,000만원을 버는 34세 한기준 대표의 8가지 부업 성공스토리

2013년 대학생 때부터 필자는 유튜브와 네이버 카페를 시작으로 부업전선에 뛰어들었다. 사실 돈을 벌기보다 재미있는 콘텐츠를 만들어 공유하고 싶었다. 당시 건축학과에 재학 중이어서 건축학과 학생들이 재미있게 볼 만한 콘텐츠로 유튜브 영상을 제작해 네이버 카페에 공유했다. 구독자 한 명, 회원 한 명으로 시작한 유튜브와 네이버 카페는 현재 구독자 3만 명, 회원 2만 명 이상으로 성장했다. 여러 소중한 인연들을 만나 알게 된 '브랜디드 콘텐츠' 광고와 '카페 대문' 광고는 지금까지도 훌륭한 수입원이 되고 있다. 유튜브와 네이버 카페라는 뜻밖의 훌륭한 부업을 갖게 된 것이다.

1장

부업의 시대,

아무것도 하지 않으면,
아무 일도 일어나지 않는다

"

이제 한 가지 무기로만 먹고사는 시대는 지났다. 최고급 기술 한 개 보다 고급기술 열 개가 생존에 더 도움이 된다. 다양한 분야에서 일하며 유연성이 생기기 때문이다. 한 개의 굵은 나뭇가지는 유연하지 않아 부러지기 쉽지만 서로 연결된 나뭇가지 열 개는 유연하게 휘면서 잘 부러지지도 않는다.

"

01

부업을 해야 하는 이유

하늘 높은 줄 모르고 치솟던 공무원시험 경쟁률이 상당히 낮아졌다. 2013년 113.4대1이던 7급 경쟁률은 2022년 47.7대1까지 내렸다. 직업의 안정성은 장점이지만 적은 급여가 공무원시험 경쟁률 하락 원인으로 꼽힌다. 워라밸의 중요성을 외치던 2030 세대는 이제 급여의 중요성을 외치고 있다. 물론 최소한의 생활을 영위할 수 있는 월소득은 중요하다. 부업을 하는 이유는 자신의 월소득에 별도의 부가소득을 얻기 위해서다. 필자는 분명히 단순히 돈을 더 벌기 위해 부업을 시작했지만 부업을 계속 유지하는 것은 월소득 외에 다른 소득이 있기 때문이다. 자신의 내적 성장과 더불어 다양한 기회를 부업이라는 창문을 통해 확인했다. 부업을 하면 다음과 같은 소득을 기대할 수 있다.

통섭의 시대

이제 한 가지 무기로만 먹고사는 시대는 지났다. 최고급 기술 한 개보다 고급기술 열 개가 생존에 더 도움이 된다. 다양한 분야에서 일하며 유연성이 생기기 때문이다. 한 개의 굵은 나뭇가지는 유연하지 않아 부러지기 쉽지만 서로 연결된 나뭇가지 열 개는 유연하게 휘면서 잘 부러지지도 않는다. 극단적인 예로 전문직일수록 인공지능 분야가 침투하기 쉽다. 그렇다고 전문성이 없어도 된다는 말은 아니다. 나름 각자 전문이라고 할 수 있는 분야에 뿌리를 하나 내리고 뻗어나가는 가지 몇 개를 더 만들어야 한다는 뜻이다.

지금은 통섭의 시대다. 통섭(consilience)은 지식의 대통합을 뜻한다. 통섭은 함께 넘나든다는 'jumping together'라는 뜻의 라틴어 consiliere가 어원이다. 인간의 지식은 본질적으로 통일성을 갖고 있다. 사회와 과학, 건축과 알고리즘, 디자인과 생명공학 등 깊은 연관성이 없을 것 같은 분야에서 공통점을 찾아내 새로운 상품과 서비스를 만들어내는 경우를 자주 보았을 것이다. 당신이 어느 분야에 있든, 어떤 삶을 살았든, 현재 어떤 생각을 하든 상관없다.

부업을 통해 새로운 분야를 경험하고 같은 것도 색다른 관점에서 새로운 점을 찾아낼 수 있다. 대학 전공이라는 이유로, 가족 사업이라는 이유로 한두 가지 일만 하다가 죽기는 아쉽지 않은가. 부업은 당장 사업이 부담스러운 누구나 쉽게 접할 좋은 방법이다.

우연한 기회

아무 인과관계도 없이 뜻하지 않게 일어나는 사건을 우연이라고 부른다. 복권 당첨, 교통사고도 모두 우연이다. 물론 가만히 있으면 어떤 우연도 일어나기 힘들다. 복권에 당첨되려면 복권을 구매해야 하고 운전하고 있어야 교통사고도 생기는 것이다. 이렇게 우연은 좋을 수도 나쁠 수도 있지만 결과적으로 보통 좋았던 적이 많다. 누군가 부업에 관심이 있다면 직장인인 경우가 많다. 부업이 당장 큰 돈이 되지 않더라도 직장인에게 추천하는 이유는 바로 우연 때문이다. 직장생활을 하다보면 새로운 인연을 만나기 쉽지 않다. 게다가 다른 분야 사람을 만나기란 '하늘의 별 따기'다. 다른 분야 사람들과 이야기를 나누면 그들만의 색다른 관점에 가끔 감탄하곤 한다. 많은 사람이 그런 감정을 느껴봤으면 좋겠다. 부업을 하다보면 정말 다양한 분야 사람을 쉽게 만날 수 있다. 그들과 좋은 관계를 유지하며 연인이나 친구로 발전하거나 혼자 풀지 못한 답답한 문제도 그들의 관점에서는 쉽게 해결되기도 한다.

꾸준한 수익

돈은 여러모로 유용하다. 돈으로 하기 싫은 일을 안 하거나 하고 싶은 일을 할 수도 있다. 원하거나 필요한 상품과 서비스를 구매할 수도 있다. 각자 목표금액이 다를 것이다. 어떤 부업을 할지 결정하기 전에 각자의 구체적인 월간 목표금액을 정하자. 필자는 다방면에서 다양한 시도를 하기 위해 돈이 필요하다. 사업을 일으키려면 아이디어와 노동력이 필요하다. 그중 노동력은 대부분 돈으로 대체할 수 있어 돈이 많으면 원하는 사업을 빠르고 쉽게 시작할 수 있다. 부업으로 꾸준한 수익을 발생시킬 수 있다. 부업의 종류에 따라 다르지만 부업은 보통 지출이 적거나 없으므로 수익이 불규칙하지만 꾸준할 수 있다. 부업 개수가 늘수록 수입도 안정적으로 발생한다. 물론 그만큼 부지런해야 한다.

예비 사업 경험

직장생활의 위기는 보통 3년, 6년, 9년째에 온다고 한다. '아, 이직할까?', '사업이나 할까?'라는 말을 습관적으로 하는 시기다. 대부분 이직하고 용기있는 소수만 사업전선에 뛰어든다. 하지만 사업하는 사람 중에 빠른 시간 안에 안정적인 수입을 올리는 성공적인 사업가는 많지 않다. 준비를 아무리 많이 하고 머리가 좋아도 다양한 이유로 사업이 안정 단계에 접어들기까지 오랜 시간이 걸릴 수 있다. 게다가 퇴사하고 사업자 등록을 하기에는 너무 부담스러운 것이 사실이다. 수영하기 전에 준비운동을 하듯이 사업을 시작하기 전에 부업으로 사업의 현실을 약간 느껴볼 수 있다. 대부분의 부업은 사업자등록이 필요없다. 누군가를 고용하거나 사업장이 필요한 사업이 아니라면 사업자등록은 필요없다. 부업으로 벌어들이는 소득이 늘어 본격적으로 사업을 해야겠다고 생각하면 사업으로 발전시킬 수도 있다. 부업과 사업은 한 끗 차이다. 어쩌면 단순히 누군가를 고용하거나 사업장이 있느냐 차이일 수도 있다.

부업을 하다보면 다양한 문제에 부딪힌다. 문제의 발견과 해결의 연속이다. 5만 원을 받고 2시간 서비스를 해줬는데 10시간 더 해달라는 진상 손님을 만난다면 당신은 어떻게 대처할 것인가? 다양한 경험은 훌륭한 처세술의 바탕이 된다. 물론 이 모든 과정이 스트레스일 수 있다. 부업을 하며 느끼는 행복보다 예상하지 못한 다양한 문제로 인한 스트레스가 더 크다면 창업을 적극 말리고 싶다. 창업 후에도 이 같은 문제는 마찬가지다. 부업으로 자신이 생각한 아이템이 실제로 작동하는지, 한 번 찾아온 손님이 다시 찾아오는지 미리 베타 테스트를 한다고 생각하자.

02

자주 묻는 네 가지 질문

부업의 종류는 다양하다. 수백수천 개는 될 것이다. 처음 보는 새로운 부업이 생기기도 한다. 심지어 세상에 없던 부업을 자신이 직접 만들 수도 있다. 필자는 이 모든 부업을 경험해보지는 못했다. 기껏해야 약 열 가지 부업에 발을 담궈보았을 뿐이다. 그래도 주변 친구들에 비하면 많은 부업을 경험해 부업 관련 질문도 많이 받는다.

필자는 건축을 전공한 후 IT기업을 창업해 스타트업 마케팅을 담당하며 공기업을 교육하는 특이한 이력이 있다. 이도저도 아닌 이상한 이력 같지만 그 덕분에 재미있는 컨설팅을 많이 하고 있다. 인테리어 디자인, 마케팅, 웹 개발, 기획 등 다양한 컨설팅을 진행한다. 다음은 부업을 준비 중인 친구들과 상담하며 본격적인 부업 컨설팅을 하면서 받은 네 가지 질문과 그 답변이다. 이를 참고해 성공적인 부업의 기반을 마련하기 바란다.

사업자등록, 꼭 해야 할까?

사업을 시작하려면 기본적으로 사업자등록을 하는데 그 방법은 매우 간단하다. 관할 세무서를 방문해 신청하면 금방 등록이 끝난다. 사업 주체가 개인인지, 주주들이 함께 모여 일으킨 법인인지에 따라 개인사업자와 법인사업자로 나뉜다. 등록 방법은 간단하지만 이미 본업이 있다면 사업자등록이 꺼려질 수밖에 없다. 사업자등록을 꺼리는 이유는 보통 두 가지다. 경업금지 또는 겸업금지 조항 때문이다. 법인 사내이사는 보통 법인과 근로계약을 체결할 때 그 내용에 경쟁업체에서 일할 수 없도록 '같은 업종에서 일하는' 경업을 금지하는 조항이 있다. 이를 어기면 법인과 법적 분쟁이 발생할 수도 있다. 직장인들은 '본업 외에 다른 업무를 겸하는' 겸업을 금지하는 조항을 근로계약서에서 보았을 것이다. 여기서 기업 대표자들도 잘 모르는 사항이 있다. 근로기준법에 겸업금지 조항을 뒷받침하는 근거는 없다. 직업선택의 자유가 보장되는 헌법에 의거해 겸업을 강력히 금지할 수는 없다. 어느 정도의 겸업은 기업질서나 업무에 미치는 큰 악영향이 없다면 별로 문제가 되지 않는다. 물론 사내자료를 무단반출해 겸업에 사용한다면 겸업금지 조항이 더 이상 문제가 아니다. 엄중한 법률문제로 다루어질 사안이다. 대표자 몰래 사업자등록을 한다면 경업금지나 겸업금지 조항에 어긋나지 않더라도 찝찝할 수 있다. 사업자등록을 해야 한다면 반드시 대표자와 상의하고 진행하자. 부업을 하려면 사업자등록은 필수일까? 부업을 고려하면서 법인사업자를 내는 경우는 없을 것이다. 주주 두 명 이상이 모여 사업을 만드는 경우이기 때문이다. 그때부터는 본격적인 사업으로 보아야 한다. 이 책은 부업이 주요 콘텐츠이므로 개인사업자의 경우를 예로 들겠다.

사업자등록은 필수는 아니다. 정확히 말해 부업의 종류에 따라 다르다. 반드시 사업자등록을 해야 하는 경우를 제외하면 사업자등록을 할 의무는 없다. 상품을 매입하고 판매하는 사업인 경우, 공간임대가 필요한 사업인 경우, 인력을 고용해야 하는 사업인 경우에는 반드시 사업자등록을 해야 한다. 다양한 부업으로 돈을 버는 필자도 사업자등록증은 두 개뿐이다. 부업별 자세한 이야기는 다음 장에서 알아보자.

사업자등록을 하려면 주소지가 필요하다. 대부분의 사업은 자신이 사는 집으로 하는 경우가 있다. 자가가 아닌 경우, 임대차계약서가 필요하며 당연히 집주인에게 미리 알려야 한다. 상황이 여의치 않다면 주소지를 비상주 오피스로 설정할 수도 있다. 물론 카페나 식당과 같이 서비스 공간이 필요한 사업이라면 반드시 임대 점포 주소지로 사업자등록을 해야 한다.

다다익선이 통하지 않는 사업자금

'다다익램'이라는 말이 있다. PC를 조립할 때 기억장치인 램(RAM)은 많으면 많을수록 좋다는 뜻이다. 정도가 지나치면 좋지 않다는 '과유불급'도 있지만 지나칠 정도보다 적다면 다다익선이 대부분 옳다. 사업자금도 마찬가지다. 정도가 지나치면 부족하기보다 못할 수 있지만 많을수록 좋은 건 사실이다. 물론 사업자금이 지나치다고 표현하려면 230조 원 정도는 되어야 할 것이다. 사업자금은 많아도 좋다. 하지만 적다고 나쁜 건 아니다. 자금이 많으면 노동 없이 다양한 시도를 해볼 수 있고 선택의 폭도 넓어지는데 이것이 꼭 좋은 것만은 아니다. 자금이 부족해 노동을 하다보면 경험이 쌓인다. 자금부족으로 선택의 폭이 좁아지면 오히려 제한된 비용으로 좋은 물건을 고르는 날카로운 감각이 길러지는 기회이기도 하다.

부업마다 필요한 자금이 있다. '많으면 좋은' 자금이 아니라 '반드시 필요한' 자금 말이다. 공간을 임대할 때 필요한 보증금, 기계장비 구매비, 교육비 등이다. 부업을 하기 전에 필요한 자금을 최대한 타이트하게 잡아보자. 각 사업별로 들어간 투자금은 추후 표로 보여줄 예정이다. 어떻게 계획하느냐에 따라 다를 수 있으니 참고 정도로만 생각하자.

목돈을 만드는 여러 가지 방법

사실 대부분의 부업은 목돈이 필요없다. 목돈이 필요없는 부업이라면 적절한 타이밍에 바로 시작하면 된다. 투자금이 크게 들어가지 않으니 계획에 차질이 생겨도 미련없이 정리할 수 있다. 부업 사업자금으로 반드시 목돈이 필요한 경우, 참고할 만한 내용이다. 목돈을 마련하는 방법은 두 가지다. 저축과 대출이다. 저축은 누구나 할 수 있다. 자신이 설정한 목돈이 있고 매월 저축 가능한 자금이 명확하다면 간단한 숫자 계산으로 몇 개월 후에 목돈이 만들어지는지 계산이 된다. 월급 받는 직장인은 근로소득 중 일부를 저축할 수 있다. 배당금을 받는 주식을 소유하거나 월세를 받는 부동산을 소유했다면 자본소득 중 일부를 저축할 수 있다. 저축으로 목돈을 만들어 사업자금으로 활용한다면 잃더라도 빚으로 돌아오지 않으니 부담이 없다. 물론 저축만으로 목돈을 만들기까지 오래 걸릴 수 있다.

대출은 종류가 많다. 신용대출은 은행에서 개인신용도를 평가해 적절한 자금을 빌려주는 것이다. 신용도만으로 돈을 빌릴 수 있어 '무담보대출'이라고 부른다. 신용대출로 큰 목돈을 만드는 데는 한계가 있다. 사업자가 있다면 신용보증기금을 이용하는 방법도 있다. 신용보증기금은 기업에게 자금을 원활히 융통하기 위해 설립되었다. 참고로 신용보증기금은 금융위원회 산하 준정부기관이다. 신용보증기금에서 자금을 빌려주는 건 아니다. 은행에서 대출받을 때 신용보증기금은 보증 서는 역할을 한다. 은행에서 대출을 일으킬 때 신용보증기금이 대출금의 일정 비율을 보전해준다. 그 덕분에 다른 방식의 대출보다 대출금리가 낮다. 대체로 신용대출보다 큰 규모의 자금을 대출받을 수 있다. 대출은 빠르고 쉽게 목돈을 만드는 방법이지만 채무자는 대출금 상환 의무가 있어 이를 이행하지 못하면 신용불량자가 된다. 대출을 받을 때는 모두 행복한 상상으로 가득하겠지만 막상 꿈꾸던 대로 항상 모든 일이 잘 풀리는 것은 아니다. 단 0.1%라도 리스크가 있는 일이라면 최악의 상황에 대비해야 한다. 최악의 상황을 예상해 철저히 대비하는 꼼꼼함이 필요하다.

3억 원으로 전셋집을 구한다고 가정해보자. 당신이 예상하는 최악의 상황은 무엇인가? 화장실이 침실과 멀리 떨어져 있는가? 3억 원짜리 전셋집이 좁은가? 전셋집이 경매로 넘어갔는가? 이보다 더한 최악의 상황도 있다. 공인중개사에게 3억 원을 전달했는데 다음날 연락이 끊긴 경우다. 불필요한 의심은 좋지 않지만 무조건적인 믿음이 더 위험하다. 항상 최악의 상황에 대비하자. 가능하면 목돈이 필요없는 부업을 시작하거나 저축으로 사업자금을 마련하자. 여유있고 심적으로 편해야 안 될 일도 술술 풀린다.

질문이 생기면 이렇게

〈IBM Marketing Cloud〉의 조사 결과에 따르면 인터넷에 존재하는 데이터의 90%는 최근 2년 사이에 만들어진 것이라고 한다. 2010년대 후반의 조사 결과이니 그 기간은 더 단축되었을 것이다. 매일매일 정말 방대한 양의 데이터가 만들어진다. 압도적으로 검색엔진 시장 1위를 군건히 지키는 구글(Google)이 데이터 서버 구축으로 골머리를 앓는 이유다. 질문이 생겼을 때 두 가지 해결법이 있다. 인터넷에서 검색하거나 인터넷 검색 후 질문할 사람을 찾는 것이다. 인터넷에는 이미 많은 질문과 답변이 존재한다. 자신의 궁금증의 95%는 이미 인터넷 세상에 있다. 다만 질문하는 방법을 모를 뿐이다. 자신이 궁금한 것이 정확히 무엇인지, 어떤 키워드로 검색할지도 모른 채 타인에게 도움을 구하기는 어렵다. 애매한 질문은 애매한 답변만 낳을 뿐이다. 인터넷 검색을 많이 했는데도 원하는 답변을 찾기 어렵다면 답변해줄 사람을 찾아보자. 주변에 그가 있다면 카톡이나 전화로 물어보고 주변에서 찾기 어렵다면 블로그나 SNS에서 답변해줄 사람을 찾아보자. 정돈된 텍스트로 궁금한 사항을 명확히 정리해 물어보면 대부분 친절히 답변해줄 것이다.

03

목표가 현실이 된
한기준의 부업 리스트

필자가 운영하는 부업 리스트다. 이 책에서 소개할 여덟 가지 부업의 대략적인 매출과 순이익은 다음과 같다.

No.	부업	초기투자금	월매출	월지출	월순수익	투자금 복구기간
1	유튜브	420만 원	70만 원	5만 원	65만 원	6개월 반
2	네이버 카페	150만 원	320만 원	30만 원	290만 원	보름
3	공유 오피스	3,370만 원	340만 원	155만 원	185만 원	18개월 5일
4	오프라인 강의	280만 원	200만 원	10만 원	190만 원	1개월 반
5	온라인 강의	280만 원	400만 원	0원	400만 원	21일
6	종이책	280만 원	20만 원	0 원	20만 원	14개월
7	전자책	280만 원	20만 원	0 원	20만 원	14개월
8	무인카페	5,065만 원	350만 원	200만 원	150만 원	33개월 24일
	합계	1억 125만 원	1,720만 원	400만 원	1,320만 원	-

자신의 무기를 찾아야 한다. 무기만 있으면 활용해 다양화할 수 있다. 필자는 '가르치는 것'을 남들보다 조금 더 잘해 '가르치는 것'을 이용해 여러 무기를 만들었다. 한 매체를 여러 매체 유형으로 발전시키는 것을 'OSMU(One Source Multi Use)'라고 부른다. 귀엽게 만든 캐릭터 하나로 영화나 음악, 캐릭터 상품이나 이모티콘을 만든다. 자신의 특기가 무엇인지 잘 생각해보자. 남들보다 손이 얇고 길쭉한가? 손 모델에 도전하면 어떨까? 손 모델 윤선영님은 광고가 들어오길 기다리지 않고 직접 콘텐츠를 기획해 만들어 16,000명의 인스타 팔로워와 11만 8천 명의 유튜브 구독자를 모았다. 자신이 어떻게 기획하느냐에 따라 콘텐츠와 채널을 다양화할 수 있다.

2장

하루 한 시간

투자로 월 천만을 버는
한기준의 8가지 부업 시크릿

"

좋아하는 일은 잘하는 일로 발전할 가능성이 크지만 잘하는 일이
라고 해서 좋아하는 일로 발전하기는 어렵다. 자신이 잘하는 일로
돈을 벌기 시작하면 대부분 그 일이 싫어진다고 하지 않는가. 하지
만 진정한 프로라면 자신이 하는 모든 일을 사랑할 수 있어야 한다.
후회없는 인생을 위해 자신이 접해보지 않은 분야도 선뜻 접하는
과감함이 필요하다.

"

01

유튜브

유튜브를 통해 건축 관련 동영상 콘텐츠를 올리고 있다.

전 세계 인구 수 대비 최다 유튜버 국가는 어디일까? 예상했겠지만
우리나라다. 2020년 말 기준 광고수익을 창출하는 유튜브 채널은
97,903개다. 한국인 530명 당 한 명이 수익이 창출되는 채널을 가진

유튜버로 약 0.19%다. 수익창출 유튜브 채널은 생각보다 만들기 어렵다. 구독자 천 명 이상에 최근 1년 동안 시청시간이 4,000시간 이상 달성해야 한다. 요건을 충족시켜 수익이 창출되더라도 채널 초기에는 광고수익이 미미하다. 1인 미디어 창작자 수입액 현황에 따르면 2019년 귀속연도 종합소득 신고 1인 미디어 창작자는 2,776명이고 그중 상위 1%인 27명은 평균 6억 7,129만 원을 벌었다. 이 같은 높은 수익은 초등학생의 장래 희망직업에 유튜버가 빠지지 않고 등장하는 이유 아닐까? 분야를 막론하고 상위 1%라면 엄청난 소득을 자랑할 것이다. 그럼에도 유튜버의 수익이 더 커보이는 데는 SNS 채널에 자주 등장하는 직업 특성이 한몫한다. 유튜브 채널을 운영하는 필자의 소득은 얼마일까?

필자는 정말 우연히 유튜브를 시작하게 되었다. 평소 궁금증이 많던 필자는 군 전역 후 건축학과에 복학해 '라이노'라는 건축 소프트웨어를 학습하게 되었다. 당시 건축 분야에서 라이노 활용이 드물어 학습자료가 부족했다. 둥글둥글한 곡면 형상을 만들어내는 데 그만한 툴이 없다고 생각했다. 게다가 코딩만 약간 하면 독특한 디자인 표현도 가능했다. 그때부터 라이노라는 소프트웨어에 빠지게 되었다. 학교 수업에서도 하라는 건축물 설계는 안하고 소프트웨어를 사용해 이상한 형태의 조형물을 만드는 데 시간을 많이 보냈다. 건축학과에 다니면 직속 선배로부터 소프트웨어를 직접 배우는 경우가 많다. 당시는 직속 선배를 마스터, 직속 후배를 시다라고 표현하다 보니 마스터의 작업 방식을 그대로 이어받는 경우가 많아 마스터가 누구냐에 따라 시다의 소프트웨어 활용 능력에 차이가 생겼다. 동영상 강의를 만들어놓으면 후배에게 도움이 되겠다는 생각에 검색하다가 유튜브를 알게 되었다. 유튜브에 라이노 강의를 촬영해 업로드하고 해당 링크를 공유해 후배 교육을 시켰다. 당시 구독자 한 명에서 시작한 유튜브 채널은 현재 3만 명이 되었다. 현재 〈디지트 TV: 건축콘텐츠연구소〉라는 이름으로 소프트웨어 교육뿐만 아니라 건축 관련 다양한 콘텐츠를 다루는 채널로 성장 중이다.

유튜브 시작 5단계

1. 채널 방향 설정

무작정 유튜브 채널 이름을 정하고 로고를 만들 수는 없다. 먼저 어떤 유튜브 채널을 구축할지 정해야 한다. 유튜브 채널의 방향을 설정하는 방법은 두 가지다. 지금 하던 일에서 가지치는 방법과 새로 전혀 다른 분야를 공부하는 방법이다.

전자는 치과 전공의가 치과치료 관련 콘텐츠를 만드는 채널을 운영하는 경우이고 후자는 프로게이머가 아닌데 게임 콘텐츠를 다루거나 전공이 아닌데도 경제적, 사회적 이슈를 다루는 유튜버인 경우다. 자신이 좋아하고 잘하는 콘텐츠, 또는 관심을 갖고 새로 공부해보고 싶은 콘텐츠 중심으로 유튜브 채널을 구축해야 한다. 단지 요즘 유행하는 이슈라는 이유로 관련 채널을 만든다면 롱런하기 힘들다.

자신이 좋아하는 정도는 주관적 영역이므로 필자가 수치값을 정해주기는 어렵다. 다만 관련 콘텐츠 기획이나 제작에 매주 10시간 이상 소비할 수 있어야 한다. 자신이 정말 좋아하고 잘하는 일이라면 일주일에 10시간을 보내도 에너지가 소모되지는 않을 것이다. 짧은 방송 녹화시간을 지향하던 방송인 이경규도 도시어부 촬영 때는 시간가는 줄 모르고 낚시하지 않는가. 자신이 좋아하는 일을 찾기 위해 여행을 떠날 필요는 없다. 이미 오래 살면서 좋아하는 일에 돈과 시간을 많이 소비했다. 카드 결제내역을 보면서 어떤 활동에 소비한 비용이 많은지, 구글 캘린더를 보면서 어떤 일에 시간을 많이 썼는지 확인하자. 필자는 강의 콘텐츠 말고도 인터뷰 콘텐츠를 최근 자주 올리고 있다. 단순히 사람들을 만나 이야기하는 게 좋아 시작한 인터뷰인데 녹화할 때마다 배우는 점이 많다. 그런 생각으로 유튜브 콘텐츠를 만드니 하루하루가 매우 재미있다. 유튜브 채널을 운영하면서 꽤 많은 시간과 돈을 소비하는데 매일 성장하는 느낌이니 얼마나 좋은가.

2. 채널 리서치

좋아하는 것이 음식 먹기, 독서, 청소, 포토샵이라도 좋다. 남에게 피해를 주지 않고 법적, 도덕적 문제만 없으면 뭐든지 좋다. 문제는 그 일로 구독자를 어떻게 모으느냐다. 자기만족감에 유튜브 채널을 운영해도 조회 수와 구독자 수가 늘면서 발생하는 광고수익이 또 다른 콘텐츠를 만드는 훌륭한 에너지원이 된다. 이와 관련된 유튜브 채널을 리서치해야 한다. 키워드 리서치, 콘텐츠 리서치, 채널 리서치가 필요하다. 포토샵 콘텐츠로 유튜브 채널을 구축한다고 가정하고 각 과정을 진행해보겠다. 참고로 포토샵은 어도비(Adobe)사에서 개발한 이미지 편집 소프트웨어다.

키워드 리서치는 청소 관련 키워드를 조사하는 것이다. 채널 예비 구독자들이 포토샵과 관련해 어떤 콘텐츠를 보고 싶어하는지 조사하는

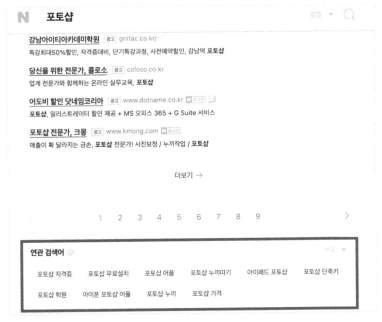

전에는 하단에도 네이버 검색창이 있었다.

단계다. 가장 쉬운 방법은 네이버 연관 검색어를 확인하는 것이다. PC
로 네이버(naver.com)에서 포토샵을 검색해 맨 하단에 내려오면 연관
검색어가 보인다.

네이버에서 진행하는 각종 광고를 관리하는 곳이다.

　　네이버 광고(https://searchad.naver.com/) 사이트에 접속해 신규가
입 버튼을 누른다. 네이버 아이디(ID)가 있더라도 네이버 검색광고에서
는 다시 가입해야 한다.

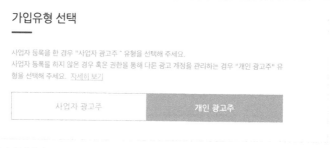

사업자가 없다면 '개인 광고주'를 선택한다.

　　개인 광고주로 선택해 가입을 진행한다. 가입 완료 후 로그인하면 비

로소 키워드 도구로 넘어갈 수 있다.

키워드 도구는 네이버 검색광고에서 제공하는 매우 유용한 도구다. 키워드의 연관 검색어는 물론 PC와 모바일에서의 검색량을 파악할 수 있다.

키워드 도구를 누르면 된다.

연관키워드 조회 기준 원하는 기준으로 '파워링크 캠페인'의 연관키워드를 조회하세요 (다중선택 가능)　　　　　　↺ 입력값 지우

| ☑ 키워드 | 포토샵 | ☐ 웹사이트 | 체크 후 선택하세요 | ~ | ☐ 시즌 월 | 체크 후 선택하세요 |
| | | ☐ 업종 | 체크 후 선택하세요 | ∨ | ☐ 시즌 테마 | 체크 후 선택하세요 |

조회하기

연관키워드 조회 결과 (293개)　　　　　　다운로드

	연관키워드 ⑦	⇕	월간검색수 ⑦		월평균클릭수 ⑦		월평균클릭률 ⑦		경쟁정도 ⑦ ⇕	월 평
전체추가			PC ▾	모바일 ⇕	PC ⇕	모바일 ⇕	PC ⇕	모바일 ⇕		
추가	포토샵		61,200	24,600	43.7	124.8	0.08 %	0.55 %	높음	
추가	포토샵인강		220	320	9.1	18.4	4.18 %	5.95 %	높음	
추가	일러스트		21,400	45,900	70.5	310.1	0.35 %	0.73 %	높음	
추가	부산국비지원무료교육		560	1,620	5.5	38.8	1.02 %	2.57 %	높음	
추가	어도비포토샵		8,240	5,270	4.5	42.7	0.06 %	0.87 %	높음	
추가	포토샵온라인강의		80	80	4.4	6.2	5.57 %	8.23 %	높음	

포토샵 연관 키워드가 검색된다.

키워드에 포토샵을 넣고 '조회하기' 버튼을 누르면 연관 키워드가 검색된다. 참고로 키워드 조회는 한 번에 다섯 개까지 가능하다. 그렇다면 간단한 네이버 검색으로 알게 된 키워드를 함께 넣으면 어떻게 될까?

연관키워드 조회 결과 (348개)		월간검색수 ⑦		월평균클릭수 ⑦		월평균클릭률 ⑦		경쟁정도 ⑦	월평균노출 광고수 ⑦
선택추가	연관키워드 ⑦ ⬍	PC ▼	모바일 ⬍	PC ⬍	모바일 ⬍	PC ⬍	모바일 ⬍		
추가	누끼따기	10,700	9,260	20.9	70	0.21 %	0.81 %	중간	11
추가	포토샵	61,200	24,600	43.7	124.8	0.08 %	0.55 %	높음	15
추가	포토샵인강	220	320	9.1	18.4	4.18 %	5.95 %	높음	15
추가	누끼따기사이트	33,900	18,100	331.8	231.5	1.04 %	1.40 %	낮음	4
추가	누끼	10,200	17,800	6.3	17.8	0.07 %	0.11 %	높음	15

포토샵과 누끼따기를 함께 조회했다.

'누끼따기'는 이미지에서 불필요한 부분을 선택해 삭제하는 작업을 말한다. 포토샵과 누끼따기와 연관된 다양한 키워드가 검색된다. 하나하나 모두 유튜브 콘텐츠가 된다. 연관 키워드는 이런 식으로 확장할 수 있다. 다음은 콘텐츠 리서치 차례다. 위의 결과를 바탕으로 다음과 같은 콘텐츠를 기획할 수 있다.

- 포토샵 인강 사이트, 어디가 좋을까?
- 누끼따기 사이트, 한 방에 정리!
- 누끼? 무슨 뜻일까?
- 포토샵과 일러스트 전격 비교!

지금 당장 보이는 키워드만으로도 다양한 콘텐츠 제작이 가능하다.

그렇다면 이 같은 콘텐츠가 유튜브에서 얼마나 제작되었고 각각의 조회 수는 얼마나 나오는지 파악해야 한다. 잘 된다면 왜 잘 되는지, 잘 안 된다면 무엇 때문인지, 개선책은 무엇인지 곰곰이 생각해보자.

유튜브에서 포토샵 인강을 검색했다.

포토샵 인강을 검색했더니 다음과 같은 콘텐츠가 검색되었다. 첫 번째 동영상은 러닝타임이 2시간에 육박하지만 조회 수가 무려 93만 회다. 두 번째는 동영상이 아닌 재생목록이다. 〈포토샵 강좌〉라는 재생목록을 만들어 99개 영상을 넣은 경우다. 구독자 수 20만 명이 넘는 '롤스토리디자인연구소'에서 제작한 목록이다. 포토샵 강의를 들으려는 학생이 해당 재생목록에 있는 영상을 연속으로 몇 개 본다면 그 학생의 유튜브에는 롤스토리디자인연구소의 콘텐츠가 추천영상으로 자주 뜰 것이다. 매우 현명한 방법이다. 세 번째는 영상 제목과 썸네일(Thumbnail)을 잘 만들어 한 번은 클릭하고 싶은 콘텐츠다. 이 외에도 조회 수가 많은 영상들이 아래에서 많이 검색된다. 이를 보고 어떤 콘텐츠를 만들면 사람들이 관심을 보일지 감을 잡을 수 있다. 어떤 콘텐츠가 유행할지는 시기에 따라 다르므로 머릿속에 키워드를 많이 넣어두고 관심있을 때마다 자주 검색해야 한다.

유튜브 추천영상으로 뜨는 영상인 경우, '탐색 기능'의 높은 조회 수가 측정된다.

다음은 채널 리서치 차례다. 관련 콘텐츠를 만드는 유튜브 채널을 검색해 과거와 현재를 확인하는 단계다. 참고로 계속 잘나가는 유튜브 채널은 드물다. 구독자 수와 콘텐츠 조회 수가 계속 높은 채널이라면 현재 성장기이거나 유튜버가 엄청나게 노력 중인 채널이다. 유튜브 채널은 보통 흥망성쇠가 있다. 유행을 잘 타 엄청난 성장세를 보이다가 특정 지점을 지나면서 조회 수가 급감한다. 광고수익은 채널 구독자 수보다 콘텐츠 조회 수가 큰 영향을 미친다. 채널 구독자 수는 오랜 기간 조금씩 쌓이는 경우는 드물다. 보통 알고리즘 흐름을 타고 조회 수가 폭발하는 영상 몇 개로 순식간에 늘어난다. 자신이 구독하는 채널을 어떻게 알게 되었는지 생각해보라. 인상적이어서 구독했을 가능성이 크다. 그 채널의 링크로 넘어가 동영상을 눌러 정렬 기준을 '인기 동영상'으로 설정해보자. 그 채널이 흥망성쇠 중 어디에 위치해 있는지, 채널 소유주가 얼마나 노력하는지 상위 인기 동영상의 제작일시와 조회 수로 파악할 수 있다.

필자 채널의 동영상을 인기순으로 나열했다.

각 채널이 언제 어떻게 어떤 콘텐츠로 성장할 수 있었는지 파악하고 자신의 채널에 적용할 수 있을지 고민해보자.

3. 콘텐츠 제작 툴 익히기

소위 '잘나가는' 유튜버들은 움직이는 중소기업이다. 촬영자와 기획자,

편집자와 마케터가 있다. 그들에게 지불하는 인건비만 한 달에 천만 원은 넘을 것이다. 수십 수백만 명의 구독자를 보유한 유튜버들만 보면 유튜버가 되는 게 어렵다고 속단하기 쉽다. 하지만 혼자서도 유튜브 채널을 충분히 구축해 운영할 수 있다. 다만 필요조건이 있다. 콘텐츠 제작 툴에 익숙해야 한다. 필자는 건축설계를 전공해 소프트웨어를 학습하고 사용하는 데 거부감이 없다. 컴퓨터 자체가 처음이라면 학습하는 데 오래 걸리겠지만 스마트폰과 오래 함께 한 사람들은 컴퓨터 툴 다루는 데 금방 익숙해진다. 컴퓨터 툴은 시간이 지날수록 사용자에게 편한 방향으로 개발되니 더 이상 걱정할 게 없다. 썸네일 제작, 녹화, 녹음, 영상편집, 후처리 네 개 과정에 쓸 툴을 익혀야 한다.

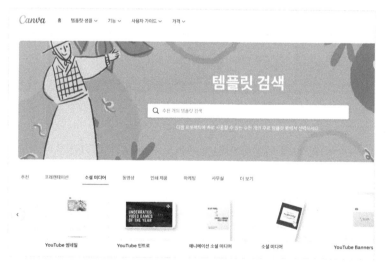

캔바에서 제공하는 템플릿을 이용하면 썸네일을 쉽게 만들 수 있다.

썸네일은 미리보기 사진이다. 유튜브 영상을 재생하지 않고도 어떤 영상 콘텐츠인지 보여주는 이미지다. 제목과 썸네일만 잘 설정해도 사람들이 콘텐츠 조회를 많이 한다. 어쩌면 동영상 콘텐츠 제작보다 더 정성을 기울여야 할 부분이다. 썸네일 이미지를 만드는 제작 툴로는 포토샵과 일러스트가 대표적이다. 프리미어나 애프터이펙트로 썸네일을 만드는 경우도 있다. 이 같은 툴을 다루기 어렵다면 캔바(https://www.canva.com/)를 이용하는 방법도 있다.

캔바는 이미지를 매우 쉽게 만들어내는 웹 서비스다. 참고로 PC버전을 다운로드받아 사용할 수도 있다. 캔바 템플릿(https://www.canva.com/templates/)에 들어가 소셜미디어를 보면 'YouTube 썸네일'이 있는데 참고로 이 버튼을 누르면 다른 사람들이 만든 유튜브 썸네일을 확인하고 이를 템플릿으로 이미지를 만들 수도 있다.

녹화, 녹음 단계에서는 다양한 기기가 활용된다. 가장 손쉬운 촬영도구는 스마트폰이다. 유행이 지난 스마트폰도 상관없다. 전부터 이미 스마트폰은 촬영장비로서 훌륭했다. 유튜브를 처음 시작한다면 별도 촬영장비를 구매하지 말고 스마트폰으로 시작하자. 촬영장비는 기자재로 비용이 높아 덜컥 구매했다가 본전뽑기도 힘들다. 그럼에도 군이 촬영장비를 구매하고 싶다면 기기 렌탈샵을 이용하자. 에스엘알렌트(https://www.slrrent.com/)에서 촬영장비를 쉽게 예약해 빌릴 수 있

다. 고가장비도 저렴한 가격에 하루 동안 렌탈할 수 있으니 필요한 경우,

장비는 렌탈하자. 스마트폰을 고정시키기 위해 삼각대를 구매하거나 손

떨림을 방지하기 위해 짐벌을 구매하는 것은 바람직하다. 삼각대나 짐벌

은 가격대 자체가 높지 않고 사용한 후 중고로 쉽게 팔 수도 있다.

DJI 제품이 가성비가 좋다.

삼각대와 짐벌이 함께 있는 제품도 있다.

소니 녹음기는 이미 많은 유튜버가 사용 중이다.

스마트폰으로 녹화하면 소리녹음도 훌륭하지만 더 명료한 소리녹음을 원한다면 별도 녹음기를 사용하면 좋다. 검색창에 '소니 녹음기'라고 검색하면 스틱형 녹음기가 검색된다. 이전 버전은 5핀 충전기를 이용해 충전해야 했지만 최근에는 C타입 단자가 달려 나온다. 중고로 소니 녹음기를 구매하려고 한다면 충전 단자를 꼭 확인하자. 녹음기는 이 외에 다른 대안이 없다. 나중에 유튜버로 충분한 수익이 발생한다면 충분히 돈을 모아 Zoom H6를 구매하자.

영상편집 툴은 프리미어와 애프터이펙트가 대표적이다. 다만 무료 소프트웨어를 찾는다면 필모라(https://filmora.wondershare.kr/)를 사용해보자. 원더쉐어라는 회사에서 개발한 프로그램으로 사용이 비교적 쉬운 동영상 편집 툴인 프리미어보다 작업난이도가 낮다. 무료 버전은 워터마크가 생긴다. 아무리 저렴한 프로그램도 월 구독료가 부담스러울 수 있는데 필모라는 연간 구독료(약 56,000원)가 매우 저렴하다. 평생 라이선스는 10만 원 선이다. 워터마크가 생기더라도 우선 무료 버전을 사용하다가 자신에게 잘 맞는 프로그램이라고 생각될 때 구매하자. 콘텐츠 제작 툴 교육영상은 유튜브에 무료로 많이 있다. 유튜버 비디오 클래스를 구독해 관련 영상을 시청하면서 툴을 익히자.

4. 채널 구축

이제 어느 방향으로 채널을 만들지 정했고 콘텐츠 제작 툴도 어느 정도 다룰 줄 아는 상태다. 본격적으로 유튜버가 되기 위한 첫발을 떼야 한다. 유튜브 채널을 세팅하는 단계다. 채널명을 정하고 브랜딩과 기본 정보를 채워야 한다. 채널 관련 설정은 유튜브 스튜디오(studio.youtube.com)의 맞춤 설정에서 할 수 있다.

브랜딩에서는 사진과 배너, 기본 정보에서는 채널명과 설명을 설정할 수 있다.

채널 맞춤 설정에서 채널 기본 설정을 한다. 우선 기본 정보에서 채널명과 설명을 적는다. 참고로 채널명은 언제든지 변경할 수 있다. 너무 자주 변경하면 채널 신뢰도가 떨어질 수 있지만 이를 전략적으로 활용할 수도 있다. 알리고 싶은 이름을 하나 정하고 부가적으로 설명할 수 있는 닉네임을 옆에 붙일 수 있다.

필자의 유튜브 채널명은 원래 '디지트 TV(건축학과 출신 스타트업 대표 이야기)'였다. 그냥 '디지트 TV'라고 하면 채널 파악이 쉽지 않아 별도로 설명을 붙인 것이다. 그런 다음 채널에 업로드할 콘텐츠를 하나씩 쌓아가면서 '디지트 TV: 건축콘텐츠연구소'라는 이름으로 변경했다. 나중에 또 어떤 닉네임이 붙을지 모르겠지만 고정된 하나의 이름(디지트 TV)은 변경하지 않고 닉네임을 주기적으로 변경할 생각이다. 설명에는 유

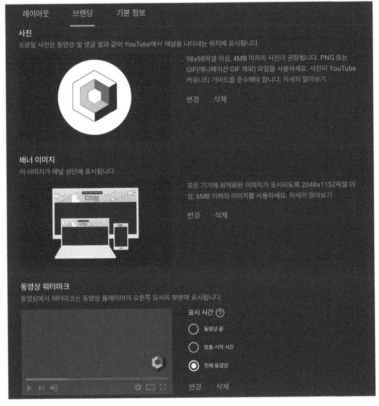

브랜딩 탭에서 프로필 사진과 배너, 워터마크를 설정한다.

튜브 채널 '정보'를 누르면 보이는 부분이다. 이곳에는 채널 관련 정보와 운영 중인 다른 SNS 채널 정보를 입력하는 것이 좋다. 출판사가 운영하는 채널이라면 웹사이트 링크와 신간 정보, 이벤트를 노출할 수 있다. 온라인 강의 플랫폼사가 운영하는 채널이라면 강의 플랫폼 링크와 신규 강좌 정보를 노출할 수 있다. 이 채널의 구독자가 누가 될지 생각하면서 그들에게 필요한 정보를 간단명료하게 정리하자.

유튜브 채널명은 하나의 고정된 이름이 있으면 좋고 여기에 부가적인 역할을 하는 닉네임은 변경될 수 있다. 채널 링크에 들어갔을 때 상단에 보이는 배너도 시기별로 업데이트하면 좋다. 다만 채널의 얼굴인 프로필 사진을 자주 변경하는 유튜브 채널은 본 적이 없다. 고정된 하나의 이미지로 기억되길 바라는 마음에 프로필 사진을 한 가지로 유지하는 것 같다.

5. 콘텐츠 제작 및 홍보

이제 본격적으로 콘텐츠를 만들어 유튜브 채널에 업로드하고 홍보할 때다. 우선 지금까지 리서치한 내용을 바탕으로 콘텐츠를 제작한다. 콘텐츠 제작 툴을 아무리 열심히 학습했더라도 첫 유튜브 영상은 촬영부터 편집까지 전 과정이 어색하고 힘들 것이다. 자신의 얼굴이 노출되는 영상이라면 더더욱 힘들다. 영상 하나를 한 달 동안 만들 수도 있다. 너무 좋은 시도이지만 처음부터 진이 빠지면 안 된다. 자막이 없더라도,

영상 퀄리티가 조금 떨어지더라도 2~3시간 동안 영상 하나를 만들어 업로드할 정도면 좋다. 우선 최소한의 기능을 하는 제품을 만들어 시장에 선보이듯 테스트한다는 생각으로 짧은 영상을 만들어 올려보자. 참고로 최소 기능 모델을 MVP(Minimum Viable Product)라고 한다. 처음부터 비행기를 만들지 말고 자전거를 만들어 시장의 반응을 살피는 접근법이다.

약 15분 분량의 포토샵 팁 영상을 만들었다고 가정하자. 유튜브 영상은 한 번 만든다고 해서 유튜브 알고리즘이 전 세계 모든 이에게 영상을 퍼날라주지는 않는다. 처음에는 많은 노력으로 사람들에게 노출시켜야 한다. 다만 급성장을 기대해 급하게 접근하지는 말자. 자신이 만든 15분 분량의 영상을 60초 이내 세로형 영상으로 재편집해 유튜브 쇼츠(shorts)로도 올리자. 3~4개 쇼츠 영상이 추가로 만들어질 것이다. 또한, 자신이 제작한 콘텐츠에 관심을 가질 만한 각종 커뮤니티에 자신의 영상을 홍보해야 한다. 포토샵 강의에 관심을 가질 만한 카카오톡 오픈 채팅방, 네이버 카페 등에 가입한다. 커뮤니티에 가입하면 사람들과 이야기를 나누며 친해질 시간이 필요하다. 어항물을 교체할 때도 급하게 한 번에 물을 교체하면 물고기들이 놀란다. 어떤 물고기는 죽기도 한다. '급하게 접근하지 말자'라는 말은 처음부터 급하게 홍보하지 말라는 뜻이다. 충분한 시간을 갖고 누군가가 포토샵 팁 강의를 찾거나 관련 유튜브 채널을 물을 때 슬쩍 홍보할 수 있다. 오픈 채팅방과 네이버 카페 등의 커뮤니티는 이미 다른 유튜브 채널 운영자가 만들어 운영하는 곳일 확률이 높다. 커뮤니티 분위기를 잘 살펴가면서 조금씩 홍보하자.

유튜브 매출 및 지출

초기 투자			
비용		노력	
상세 내역	비용	상세 내역	기간
노트북	180만 원	소프트웨어 학습	2년
PC	200만 원	콘텐츠 제작	5시간/주
모니터	20만 원		
마이크	5만 원		
웹캠	50.000만 원		
주변기기	10만 원		
초기투자금	420만 원	초기 투자 노력	2년 + 5시간/주

	매월	매년
매출	70만 원	840만 원
고정지출	0원	0원
유동지출	5만 원	60만 원
순수익	65만 원	780만 원
매출 대비 수익률		92.9%
투자금 대비 연수익률		185.7%
투자금 복구 기간		6개월 반

필자는 건축학과 재학 당시 유튜브 채널을 만들었다. 노트북과 PC 덕분에 초기 투자금이 별로 들지 않았다. 대형 마트에서 미끼상품으로 팔던 2천 원짜리 헤드셋 하나로 시작했다. 초기 투자금 내역은 아무 기기도 없지만 '경제적으로 풍족한 사람'이 유튜버가 되기 위해 필요한 자금이라고 생각하고 적었다. 노트북이나 스마트폰만 있으면 다른 재료는 필요없이 곧바로 유튜버가 될 수 있다.

필자가 운영하는 채널은 매월 20만 원의 광고수익이 발생한다. 광고수익은 유튜브 영상에 자동으로 붙는 광고에서 발생하는 수익이다. 어떤 콘텐츠를 다루는 채널인가에 따라 붙는 광고가 달라진다. 요리 채널이라면 음식이나 식당 광고, 자기계발 채널이라면 서적이나 온라인 강의 광고가 붙는다. 광고 단가는 광고주에 따라 다르므로 같은 구독자 수를 가진 채널이라도 분야에 따라 광고비 차이가 발생한다.

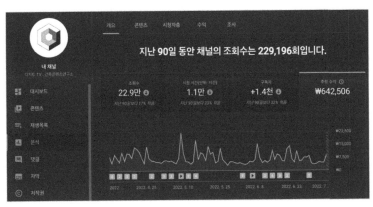

'디지트 TV' 채널의 최근 90일간 광고수익은 약 64만 원이다. 한 달에 약 20만 원 선이다.

이 외에도 브랜디드 콘텐츠 수익이 있다. 정기적인 광고수익과 달리 비정기적인 수익이다. 최근 6개월 동안 필자는 브랜디드 콘텐츠 두 개를 제작해 320만 원의 수익이 발생했다. 브랜디드 콘텐츠는 홍보하려는 콘텐츠를 가진 광고주가 유튜버에 직접 컨택해 광고를 부탁한 경우다.

브랜디드 콘텐츠 광고 영상인 경우, 영상 한쪽 구석에 '유료광고 포함'이라는 문구가 붙는다.

자신이 좋아하거나 잘하는 콘텐츠를 주제로 유튜브 채널을 만들어보자. 단순히 이슈가 되고 조회 수가 많이 나올 만한 콘텐츠만 올려 유튜브 채널을 키울 수도 있지만 치열한 경쟁을 뚫기 어려울 것이다. 결국 콘텐츠를 만드는 자신이 재미를 느껴야 스트레스 없이 롱런할 수 있다. 자신의 관심사이면서 적당한 규모로 만들 수 있는 콘텐츠가 무엇일지 생각해보고 콘텐츠를 만들어보자.

'디지트' SNS채널 유료 홍보 소개자료 중 한 페이지

네이버 카페 대문이나 카톡 채널 메시지 발송은 광고 단가가 대체로 정해져 있다. 다만 유튜브 브랜디드 콘텐츠는 명확한 단가를 말하기 어렵다. 광고주 입장에서 원하는 영상의 컨셉이나 영상 길이, 자막 유무에 따라 작업량이 크게 차이나기 때문이다. 다음과 같은 고려사항을 명확히 설정해 계약하는 것이 좋다. 광고주와 유튜버의 입장이 다르므로 참고영상을 아무리 많이 찾았더라도 각 영상의 어떤 부분이 좋았는지 명확히 확인하고 작업을 시작하는 것이 좋다.

고려사항	기준	비고
영상 컨셉	광고주가 먼저 유튜브 채널에 컨택했다면 유튜브 채널 컨셉이 광고주가 생각한 영상 컨셉과 맞는 경우가 많다.	광고주가 참고영상을 세 개 이상 준비하면 좋다.
영상 길이	3~5분 / 5분 이하 / 10분 이하 / 30분 이하	브랜디드 콘텐츠 영상은 보통 10~20분이다.
업로드 후 홍보	유튜브 쇼츠 / 타 채널 SNS 활용 홍보	영상 길이를 1분 이내로 편집해 쇼츠로 함께 홍보하면 광고효과가 좋다.
자막 유무	Vrew 자막 / 프리미어 자막	Vrew 자막은 작업하기 쉽지만 디자인에 한계가 있다.
이펙트 추가 여부	영상작업 전 원하는 이펙트 개수를 정확히 셀 수 없지만 영상 길이에 비례해 작업량이 늘어난다.	광고주가 참고영상을 세 개 이상 준비하면 좋다.

유튜버의 장점

1. 원하는 시간에 원하는 장소에서 일할 수 있다.

유튜버는 디지털 노마드 시대의 대표적인 직업이다.

유튜버 자신이 원하는 주제라면 무엇이든 콘텐츠로 만들 수 있다. 지시를 받아야 하는 직장 상사가 없어 채널의 방향을 자신이 정할 수 있다. 무엇보다 언제 어디서든 콘텐츠 제작이 가능해 디지털 노마드를 꿈꾼다면 유튜버를 한 번쯤 생각했을 것이다. 여행을 좋아한다면 여행을 다니며 촬영하고 음식 먹기를 좋아한다면 맛집을 탐방해 촬영하고 놀기를 좋아한다면 놀면서 촬영하면 된다. 촬영이 어렵다면 텍스트를 음성으로 바꾸는 TTS(Text To Speech) 서비스를 이용해 콘텐츠를 만들 수도 있다. 이미지를 나열하는 간단한 편집만으로 영상을 제작해 적은 구독자 수에도 엄청난 광고수익을 올리는 채널도 있다. 좋아하는 일을 하면서 돈도 번다니 정말 꿈만 같은 이야기다.

이같이 유튜버는 매우 자유롭지만 이 점이 오히려 단점이 되기도 한다. 언제든지 콘텐츠를 만들 수 있지만 반대로 계속 쉴 수도 있다. 콘텐츠를 기획, 제작, 편집하는 데 생각보다 시간이 많이 걸린다. 스스로 나태해지지 않을 자신이 있다면 유튜버를 하지 않을 이유가 없다.

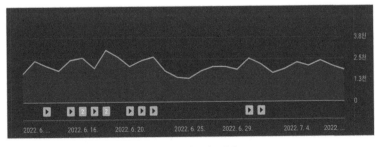

하루에 영상 두 개를 업로드하지만 아예 업로드하지 않은 날도 많다.

2. 꾸준한 광고수익과 브랜디드 콘텐츠 수입

녹스 인플루언서는 매우 정확한 유튜버 수익을 계산해준다.

앞에서도 말했듯이 유튜버는 요건만 충족시키면 수익창출이 가능하다. 광고수익은 구독자 수보다 조회 수가 중요하다. 구독자 수가 많지 않더라도 콘텐츠 조회 수가 많으면 높은 수익이 발생한다. 반대로 구독자 수는 많지만 콘텐츠 조회 수가 적으면 광고수익이 낮다. 매우 정확한 범위에서 유튜버 광고수익을 예측하는 웹사이트를 소개한다.

녹스인플루언서(https://kr.noxinfluencer.com/)에 접속해 광고수익이 궁금한 채널을 검색해보자. 녹스인플루언서에서는 구독자 수 변화, 채널 예상 광고수익, 동영상 업로드 주기 등을 확인할 수 있다. 로그인한 후에는 제휴 단가도 확인할 수 있다. 여러 채널을 검색하다 보면 구독자 수보다 콘텐츠 조회 수가 광고수익에 더 중요하다는 것을 금방 알 수 있다. 브랜디드 콘텐츠 수익은 불규칙하다. 홍보 동영상 기획, 제작 업무에서 영업하기 나름이다. 유튜브 영상에 '유료광고 포함'이라는 문구가 있는 경우다. 구독자 수가 많다면 물론 광고비를 많이 받겠지만 구독자 수가 적더라도 콘텐츠만 확실하다면 충분한 광고비를 받을 수 있다. 만년필 제작사는 구독자 수 300만 명인 브이로그 유튜버와 구독자 수 3만 명인 손글씨 유튜버 중 누구에게 브랜디드 콘텐츠 제작을 의뢰할까? 목적이 단순히 많은 노출인지, 명확한 타깃에게 상품을 알리는 것인지에 따라 다르다. 필자가 운영할 채널은 어떤 기업에게 어필할지 생각해보자. 어떤 상품과 서비스를 홍보하기에 적합한 곳인지 생각하라는 뜻이다. 많은 기업이 자신들이 만든 콘텐츠 홍보를 위해 돈을 쓸 준비가 되어 있다. 어필만 잘하면 구독자 수가 적더라도 충분히 브랜디드 콘텐츠 광고를 계약해 제작할 수 있다.

유튜버의 단점

1. 수익창출 채널이 될 때까지 오래 걸린다.
수익창출 요건은 생각보다 까다롭다. 영상 콘텐츠를 기획해 만드는 일이 처음이라면 단 1분짜리 영상도 어떻게 만들어야 할지 감이 안 올 것이다. 하물며 천 명의 구독자와 4,000시간의 시청시간이라니 너무 까마득하다. 낚싯대가 많아야 물고기를 많이 잡을 수 있듯이 동영상이 많아야 구독자 수가 늘어난다. 조회 수가 많지 않더라도 꾸준히 콘텐츠를 올려야 한다. 사람들의 반응이 없으면 아무래도 지치기 마련이다. 자신이 좋아하는 콘텐츠를 만들어야 사람들의 반응이 없는 초반에도 힘을 내 채널 운영을 이어나갈 수 있다. 특정 영상이 알고리즘의 선택을 받아 구독자 수가 급증하기도 한다. 콘텐츠 하나가 낚싯대라면 알고리즘의 선택을 받은 콘텐츠는 그물이다. 그물 콘텐츠를 여러 개 찾아낼 때까지 꾸준히 콘텐츠를 업로드하자.

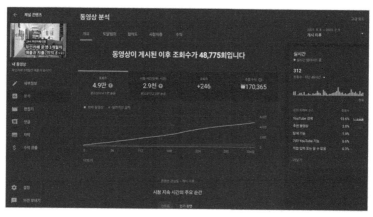

특정 단어를 유튜브에서 검색했을 때 해당 영상이 바로 검색된다면 'YouTube 검색' 조회 수가 높은 경우다.

2. 꾸준한 운영이 필수

유튜브 알고리즘은 정말 알 수가 없다. 어떤 콘텐츠가 뜰지, 어떤 채널이 가라앉을지 알 수 없다. 2018년 9월경 한 채널에서 두더지가 땅을 파는 모습을 촬영한 영상이 업로드되었다. '농작물에 피해를 주는 두더지 잡는 방법'이라는 제목이었다. 한 아저씨가 농작물에 피해를 주는 두더지라며 빨간 고무 대야에 잡힌 두더지를 보여주며 설명을 이어나갔다. 9분이 채 안 되는 짧은 영상이었지만 2022년 현재 약 700만 회의 조회 수를 기록했다. 채널명은 '성호 육묘장'인데 구독자 수도 40만 명이 넘었다. 영상 단 두 개로 약 19만 명의 구독자를 보유한 채널도 있다. 채널명은 'sake L'. '노동요와 이마트'라는 제목의 두 영상은 움직이는 모션조차 없다. 사진 한 장을 배경으로 깔고 배속으로 음악을 편집만 했을 뿐이다. 조회 수 2,500만 회에 가까운 그의 콘텐츠 '노동요'의 댓글 창은 '드립 사전'이라고 할 만큼 재치 넘치는 글로 가득하다. '그것을 알려드림' 콘텐츠로 유명한 진용진조차 그를 섭외하는 데 실패했다고 할 만큼 sake L은 베일에 싸여 있다.

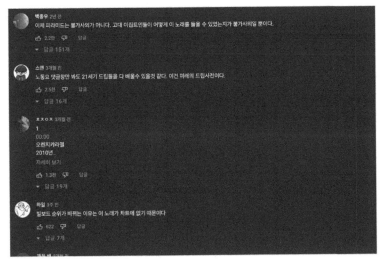

sake L 영상의 댓글은 '드립 사전'이라고 할 수 있을 정도다.

콘텐츠를 하나를 올리고 유튜브 알고리즘의 선택을 기다리기만 할 수는 없다. 명확히 발견된 유튜브 알고리즘 원리는 아직 없지만 한 가지는 분명하다. 유튜브 콘텐츠를 주기적으로 올리지 않은 채널은 노출이 줄어든다. 최소한 이 같은 경우는 피해야 한다. 한 달에 적어도 두 개 이상은 올리자.

02

네이버 카페

네이버 카페는 2003년에 시작된 네이버의 커뮤니티 서비스다. 네이버 회원은 누구나 쉽게 카페를 구축해 운영할 수 있다. 천만 개가 넘는 네이버 카페가 있다고 한다. 필자는 유튜브에 올린 강의 영상을 아카이빙(Archiving)하는 용도로 활용했다. 게시판으로 구분할 수 있고 '댓글'과 '좋아요' 기능도 있어 관리하기 편하다. 네이버 카페는 2013년 4월 처음 만들어 운영을 시작했지만 카페를 통해 본격적으로 수익을 창출한 것은 5년이 채 안 된다. 필자가 운영하는 커뮤니티를 이용해 돈버는 것을 이상하게 생각했기 때문이다. 지금은 카페 대문을 디자인해 섹션마다 비용을 받고 있다. 회원 수가 많아야 대문 광고를 받을 수 있는 것은 아니다. 범위가 좁더라도 명확하면 그에 맞는 광고가 붙을 수 있다. 회원 수가 천 명이더라도 범위만 명확하면 커뮤니티의 기능을 충분히 한다.

네이버 카페 시작 5단계

1. 카페 컨셉 설정

카페의 전체적인 디자인 컨셉이 통일되어야 한다.

　자신이 어떤 카페를 운영할지 정해야 한다. 내가 무엇을 좋아하는지, 그것과 관련된 자료를 수집하는 데 소질이 있는지 파악해야 한다. 네이버 카페는 다른 SNS 채널에 비해 자료 보관과 관리가 쉽다. 특히 페이스북 페이지나 그룹을 운영해본 사람들은 공감할 것이다. 대부분의 SNS 채널은 게시물을 시간순으로 나열해 굳이 특정 검색어를 입력하지 않으면 이전 자료를 찾기 힘들다. 네이버 카페는 이와 달리 게시판이 있어 자료를 수집하기 편하다. 네이버 블로그나 뉴스 등의 콘텐츠를 스크랩해 곧바로 게시물로 쓸 수 있다. 이전에는 카페 게시물 용량 제한이 카페 등급에 따라 달랐는데 현재는 게시물당 50MB의 제한이 있다. 매우 관대한 정책이다. 카페장이 카페에 얼마나 헌신적으로 자료를 올리느냐에 따라 카페 활성도가 달라진다. 필자가 게시물을 열심히 올리던 카페 초기에는 정말 많은 사람이 활동적으로 이야기했지만 지금은 방문자 수에 비해 게시물과 댓글이 적다.

자신이 생각하는 카페가 과연 없을까? 누군가가 이미 비슷한 카페를 만들어 놓았을 확률이 높다. 그렇다고 바로 포기하지는 말고 조금씩만 특색을 섞어 카페를 개설하자. 모 회원이 A 카페에서 활동한다고 B 카페에서 활동하지 않는 것은 아니다. 비슷하면서도 다른 카페를 개설하면 협력관계로 발전할 수도 있다.

2. 카페 시스템 구축

어떤 방향으로 어떤 주제로 카페를 개설할지 정했다면 이제 카페를 만들 차례다. 네이버 카페는 네이버 아이디만 있으면 누구나 쉽게 만들 수 있다.

네이버 카페는 '카페 만들기' 버튼을 눌러 개설할 수 있다.

네이버 카페(https://cafe.naver.com/)에 들어오면 우측에 '카페 만들기' 버튼이 보인다. 그 버튼을 눌러 몇 가지 설정만 하면 금방 카페가 만들어진다.

기본 설정된 카페 정보는 나중에 수정할 수 있다.

카페명, 주소, 아이콘과 설명을 적어야 한다. 카페 이름을 설정할 때 팁이 있다. 유튜브 채널명과 같이 이름과 함께 부가 설명 역할을 하는 닉네임을 적을 수 있다. 네이버 카페 디지트는 카페 이름이 '[3D커뮤니티-디지트]모델링/렌더링/3D프린팅/캐드/포토샵/소스'다. 대부분의 대표적인 카페들은 카페명에 몇 글자만 적는 경우는 없다. 대부분 키워드를 카페명에 함께 적는다. 다만 카페명은 마지막 변경일 기준으로 3개월 후 수정할 수 있다. 이같이 부가적인 설명을 카페명에 적는 것은 네이버에 회원들이 해당 키워드로 검색했을 때 노출 확률을 높이기 위해서다.

카페 주소는 카페 URL로 쓰일 단어를 적으면 된다. 디지트의 카페 주소는 'digitarchi'다. 'https://cafe.naver.com/digitarchi'로 접속하면 된다는 뜻이다. 이는 당연히 카페명과 연관된 주소여야 한다. 차

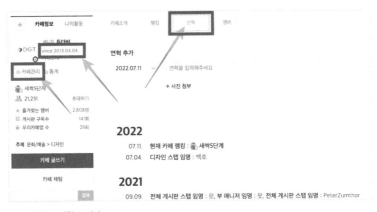

카페 연혁은 수정할 수 없다.

량 관련 카페인데 카페 주소가 게임이거나 지역 커뮤니티 카페인데 카페 주소에 축구(soccer)가 섞인 경우가 있는데 이는 카페를 양도받은 경우다.

카페 연혁을 확인하면 해당 카페의 원래 이름을 확인할 수 있다. 디지트 카페 좌측 상단에 'since 2013.04.04'라고 적혀 있다. 카페가 처음 만들어질 당시의 날짜다. 그 날짜를 누르면 자세한 연혁을 확인할 수 있다. 카페를 개설했다면 아이콘 밑에 있는 카페관리 버튼을 눌러 디자인 설정을 마무리하자.

꾸미기 탭에서 타이틀과 카페 대문을 설정할 수 있다.

카페관리 버튼을 누르면 회원과 게시판 등 카페를 구성하면 모든 것을 설정할 수 있는 곳으로 넘어온다. 그중 꾸미기 탭에서 상단 배너(타이틀)와 카페 대문을 설정할 수 있다. 전체적인 레이아웃과 스킨도 설정할 수 있으니 한 번씩 눌러보자. 타이틀에 들어갈 이미지의 최적화 사이즈는 글씨로 표시되어 있다. 레이아웃에 따라 다르지만 현재 필자가 사용하는 기본 레이아웃은 가로 1,080px, 세로 50~340px이 최적화된 사이즈다. 이미지는 포토샵이나 일러스트, 캔바를 활용해 간단히 만들어 넣자.

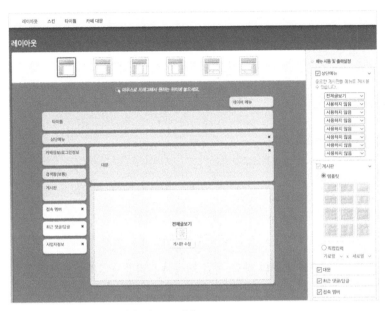

레이아웃은 카페에 처음 접속한 사람들이 보는 곳이다.

레이아웃에서 카페 첫 화면을 설정한다. 카페 대문은 배너 광고를 게재하는 곳인데 처음에는 카페 화면에 배너를 걸기보다 다양한 게시판을 노출하는 것이 좋다. 그래야 게시물이 매일 바뀌면서 카페가 살아있는 듯한 느낌을 주기 때문이다.

회원 등급 이름을 재미있게 설정해도 좋다.

카페의 전체적인 디자인을 구성했다면 이제 회원 등급을 설정해야 한다. 카페관리 메뉴의 가입, 등급 탭에서 관리할 수 있다. 우선 등급 이름을 센스있게 정해야 한다.

필자는 약간 일반적인 등급으로 설정했다. 카페에 막 가입하면 준회원, 게시물 한 개와 댓글 세 개를 작성하면 정회원 등급을 부여했다. 게시물 20개에 댓글 100개를 작성했다면 우수회원으로 등업되도록 설정했다. 등업은 일정 조건이 지켜지면 자동으로 등업되는 '자동 등업'과 카페 스태프가 게시물을 확인하고 등업시켜 주는 '등업 게시판' 방식이 있다. 카페 스태프가 별도로 설정하지 않는 이상 등업할 수 없는 등급은 '설정 안함'으로 되어 있다. 지금은 필자가 다른 일도 하면서 카페 등업

관리를 하기 어려워 정회원과 우수회원을 자동 등업으로 설정했다.

카페 운영 초반에는 등업 게시판에 등업 신청을 하는 방식이 바람직하다. 자동 등업이라면 아무 글이나 작성하는 회원이 있을 수 있기 때문이다. 아무래도 카페 스태프가 등업 신청을 검수하는 과정이 있으면 게시물이나 댓글을 쓸 때 한 번 더 생각하고 작성할 것이다. 이전 디지트 카페에서는 자기소개 게시판에 자기소개를 한 후 댓글을 세 개 작성하면 정회원으로 자동 등업시켜주는 설정이다 보니 자연스럽게 사람들이 자기소개 게시판에서 댓글과 대댓글을 남기면서 대화를 나누었다. 그

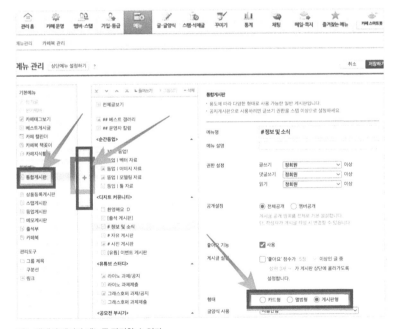

메뉴 탭에서 게시판 메뉴를 관리할 수 있다.

같은 자동 등업 방식이더라도 시스템적으로 설계만 잘하면 카페가 활성화될 수 있다.

　게시판은 메뉴 탭에서 설정할 수 있다. 왼쪽의 기본메뉴, 일반메뉴, 관리도구를 활용해 게시판을 생성한다. 통합게시판을 선택해 바로 오른쪽의 플러스 버튼을 누르면 우측에 통합게시판이 생긴다. 그렇게 만들어진 통합게시판을 선택해 메뉴명과 메뉴 설명을 넣을 수 있다. 형태에 따라 카드형과 앨범형 게시판으로 나뉜다. 이미지가 꼭 필요하다면 앨범형, 텍스트가 주요 콘텐츠라면 게시판형을 선택하면 된다.

3. 기본 콘텐츠 제작

현재 대표 카페나 회원 수가 많은 카페는 게시판 수가 정말 많다. 한눈에 안 들어올 정도로 많아 게시판을 구분해 접어놓기까지 했다. 카페를 개설한 초기에는 게시판 수가 많지 않아도 괜찮다. 사람들에게 정말 필요한 게시판 몇 개만 만들면 된다. 회원들이 무슨 콘텐츠를 얻기 위해 이 카페에 가입했는지, 무슨 이야기를 하고 싶어하는지 생각하면서 게시판을 구성하자. 초등학생 학부모 대상 지역 커뮤니티를 만들었다고 가정하자. 카페에 어떤 자료가 있으면 좋을까? 지역 커뮤니티는 특정 지역을 대상으로 하는 커뮤니타. 해당 지역에 초등학교 열 군데가 있다고 가정하자. 각 초등학교 주변 식당이나 카페를 추천하는 게시판은 어떠할까? 초등학생 자녀를 둔 학부모라면 하교를 기다리며 어딘가 머물 곳을 찾으니 도움이 될 수도 있겠다. 콘텐츠 개발에는 큰 노력이 필요 없다. 방과후 학습자료 콘텐츠는 어떠할까? 학교마다 이미 단톡방을 만들어 자료를 공유하고 있지 않을까? 그렇다면 타교 학생들과 할 만한 재미있는 활동 홍보는 어떠할까? 좋은 것 같다. 주변 학원이나 과외 정보 공유도 좋을 것 같다. 이런 식으로 시나리오를 써가며 게시판을 만드는 것이 좋다.

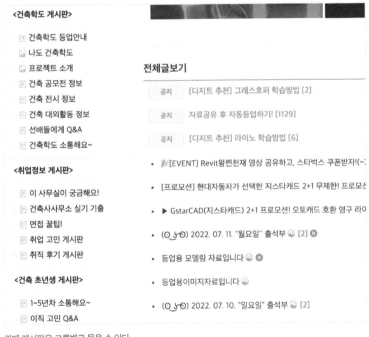

카페 게시판은 그룹별로 묶을 수 있다.

카페 게시판을 만들 때 그룹 제목을 이용해 게시판을 그룹별로 묶을 수 있다. 맛집 정보와 교육 정보는 연관성이 낮은 콘텐츠여서 별도 게시판, 별도 그룹을 만들어 관리하는 것이 좋다. 초등학생 자녀를 둔 학부모용 카페는 다음과 같이 구성될 것이다.

그룹	게시판	내용
커뮤니티	등업 게시판	카페 스태프가 검수한 후 등업하는 시스템
	자기소개 게시판	가입 경로와 자녀의 학년 소개
	자유 게시판	자유로운 주제로 이야기 나누는 곳
	질문 게시판	궁금증을 물어보는 곳
	고민이예요	고민거리를 털어놓고 대화하는 곳
	자랑할래요	자녀 자랑을 할 수 있는 곳
맛집/카페	베스트 맛집/카페	맛집, 카페 추천 게시판에서 베스트 게시물 선정
	맛집 공유해요	해당 지역 근처 맛집 추천
	카페 공유해요	해당 지역 근처 카페 추천
학교 교육	1학년	1학년 자녀 학부모 게시판
	2학년	2학년 자녀 학부모 게시판
	3학년	3학년 자녀 학부모 게시판
	4학년	4학년 자녀 학부모 게시판
	5학년	5학년 자녀 학부모 게시판
	6학년	6학년 자녀 학부모 게시판
방과후 교육	교과목	교과목 관련 방과후 교육정보를 공유하는 곳
	예체능	예체능 관련 방과후 교육정보를 공유하는 곳

4. 회원 유입 방안 마련

아무리 좋은 상품도 홍보하지 않으면 판매로 이어지기 어렵다. 다양한 방법을 활용해 카페와 카페에 올린 콘텐츠를 홍보해야 한다. 네이버 카페는 네이버에서 운영하는 커뮤니티라는 점을 적극 활용해야 한다.

카페 게시물은 다양한 플랫폼으로 콘텐츠를 공유할 수 있다.

카페 콘텐츠는 다양한 플랫폼으로 공유할 수 있다. 게시물 우측 하단의 공유 버튼을 누르면 블로그, 카페, 메일, 라인 등으로 쉽게 공유하도록 팝업 창이 생긴다. 특히 블로그, 카페, 지식iN은 모두 네이버에서 운영하는 서비스이므로 그곳에서 접하는 네이버 카페 콘텐츠에 대한 거부감이 별로 없다. 예를 들어 지식iN에 누군가가 관련 질문을 올리면 그 답변을 하면서 카페 콘텐츠 링크를 살짝 첨부하는 방식이다. 지식iN 답변을 본 누군가가 그 링크를 눌러 카페로 넘어왔을 때 카페에 가입할 확률이 높다. 네이버에 이미 로그인되어 있기 때문이다. 네이버 카페는 네이버에 속한 커뮤니티라는 점을 적극 활용해야 한다.

다양한 이벤트를 기획, 진행해야 한다. 네이버 카페는 커뮤니티로서 회원등급이나 게시판 등 그 자체로 갖추어야 할 세팅이 이미 되어 있다. 사람들과 운동장이 주어졌다면 축구공만 있으면 재미있는 시합이 된다. 회원들이 참여할 수 있는 다양한 이벤트를 기획해 진행하자.

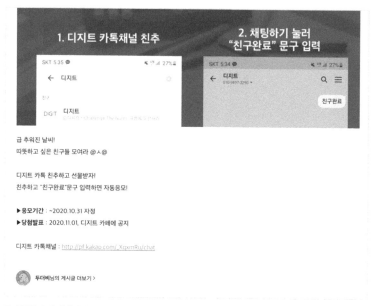

카페 회원 수가 많아지면서 카톡 채널 친구를 늘리는 이벤트도 진행했다.

5. 관리 및 운영

사람은 두 명만 모여도 분쟁이 발생한다. 커뮤니티 운영은 생각보다 어렵다. 100명 이상의 오픈 채팅방을 만들어 운영해보았다면 누구나 공감할 것이다. 회원 수가 수백 수천 명인 커뮤니티인 카페는 다양한 분쟁이 발생할 수 있어 카페를 혼자 운영하기 힘들다. 카페 규모가 어느 정도 커졌다고 생각할 때 스태프 몇 명을 선정해야 한다. 카페 운영자의 업무도 조금 나누고 유대감을 키우기 위해서다. 부매니저와 디자인 스태프, 전체 게시판 매니저 정도만 있으면 된다. 참고로 부매니저는 매니저인 카페 운영자와 거의 동등한 권한을 가진다. 카페 폐쇄, 매니저 위임을 제외한 모든 권한이 있다. 부매니저가 악의적인 의도가 있다면 모든 회원을 내보내고 카페 문을 닫게 할 수도 있다.

카페 스태프는 멤버 스탭 탭에서 선정할 수 있다.

스태프를 선정하기 전에 할 일이 있다. 스태프마다 임무와 보상을 명확히 정하는 것이다. 어떤 일을 어느 범위까지 부탁할지, 그들에게 어떤 보상을 할지 정해야 한다. 카페 초기에는 금전적 보상이 어려울 수 있으니 무엇을 제공할 수 있는지 잘 생각해 제안하자. 다만 카페 대문은 대표자가 직접 관리하는 것이 바람직하다. 열 개가 넘는 기업과 컨택하며 스케줄을 관리하고 카페에 유입된 사람들의 통계자료를 제공해야 하는데 담당자가 바뀐다면 기업 입장에서는 혼란스러울 것이다. 게다가 홍보와 영업도 해야 하니 대표자인 카페 매니저가 맡자.

네이버 카페 배너
배너 위치당 가격 상이 (상세가격 16p 참조)
*월 결제

디지트 네이버 카페에는 배너 광고만 15개다.

   주기적인 이벤트도 빼놓을 수 없다. 자신이 운영하는 카페가 활동적인 커뮤니티로 성장하길 바란다면 반드시 진행해야 하는 일이다. 매월 이벤트, 분기별로 세미나를 주최하면서 커뮤니티를 지속적으로 형성하자. 이벤트 아이디어가 없다면 다른 카페의 이벤트를 많이 참고하자. 데이터베이스에 자료가 많아야 아이디어도 떠오르는 법이다.

SNS 광고 비용

네이버카페 상세 양식

SNS 채널	구분	비용 (월 결제)		작업내역	수신자료
네이버 카페	1번~4번 배너	1개월	₩ 500,000	수신자료 업로드	835*210px 이미지
		3개월	₩ 400,000		
		6개월	₩ 330,000		
	5번~10번 배너	1개월	₩ 150,000	수신자료 업로드	275*195px 이미지
		3개월	₩ 120,000		
		6개월	₩ 100,000		
	11번~15번 배너	1개월	₩ 300,000	수신자료 업로드	275*195px 이미지
		3개월	₩ 250,000		
		6개월	₩ 200,000		

디지트 네이버 카페 대문 광고비용을 표로 정리했다.

네이버 카페 매출 및 지출

초기 투자			
비용		노력	
상세 내역	비용	상세 내역	기간
초기 콘텐츠 업로드	100만 원	소프트웨어 학습	2년
디자인비	50만 원	초기 시스템 구축	6개월
		콘텐츠 제작	2시간/주
초기 투자금	150만 원	초기 투자 노력	2년 6개월

	매월	매년
매출	320만 원	3,840만 원
고정지출	0원	0원
유동지출	30만 원	360만 원
순수익	290만 원	3,480만 원
매출 대비 수익률		90.6%
투자금 대비 연수익률		2,320%
투자금 복구 기간		2주

사실 네이버 카페를 운영하면서 수익이 생길 거라곤 생각하지도 못했다. 그냥 강의 내용을 올리고 새로운 인연을 만나는 창구로만 활용하려고 했다. 필자가 운영하는 네이버 카페는 회원 수만 보면 분명히 '대형' 카페는 아니다. '어느 정도 규모 있는' 카페로 보는 것이 맞지만 건축, 인테리어 전공자들이 모여 있다는 점이 광고주에게 매력 포인트가 되었다. 카페 회원 수가 100명 이하인 극초반에는 운영자가 많이 노력해야 한다. 상단 타이틀, 대문을 디자인하고 게시판 양식도 만들어야 한다. 필자는 건축학과를 졸업해 직접 디자인했지만 디자인 툴을 능숙하게 다룰 수 없다면 디자이너에게 디자인을 맡기는 게 낫다. 디자인비를 50만 원으로 정했다.

카페가 활성화되기까지 운영자는 여기저기서 콘텐츠를 공수해와야 한다. 뉴스를 스크랩하든 블로그 콘텐츠를 스크랩하든 자신이 직접 자료를 만들어 업로드하든 뭐든지 좋다. 적어도 하루에 20개 콘텐츠를 올린다는 생각으로 작업해야 한다. 초기에 시스템을 구축하고 사람들이 카페에 가입할 만한 유익한 콘텐츠 제작에 6개월로 가정했다. 실제로 하루에 20개씩 글을 적는다면 한 달에 500개 이상의 콘텐츠가 만들어진다. 6개월이면 무려 3천 개의 콘텐츠다. 그 정도면 네이버 검색창에 카페 주제와 맞는 키워드를 검색했을 때 노출되기 쉽다. 누구든지 카페에 우연히 들렀는데 유익한 콘텐츠가 있다고 판단하면 회원가입 정도는 쉽게 한다. 카페를 활성화시켰더라도 매주 2시간가량은 재미있고 유익한 콘텐츠를 만드는 시간을 내는 게 좋다.

한때 카페 대문 광고비로만 매월 520만 원의 수익이 발생했다. 대문디자인을 최대한 세세히 사이즈별로 나누고 단가를 차등 적용했다. 광

네이버 카페 대문은 섹션을 많이 나눌수록 수익이 커진다.

고해야 할 콘텐츠가 많다 보니 그만큼 수익이 많았지만 광고 개수가 많아 관리하기 너무 힘들었다. 각 광고마다 시작 날짜와 종료 날짜가 달라 매일 일정을 확인해야만 했다. 지금은 욕심을 버리고 카페 대문으로 매월 약 320만 원의 배너 수익이 발생한다. 유동지출은 30만 원 정도로 잡았는데 가끔 필자가 배너 디자인을 하는 경우도 있어 인건비를 최소로 잡았다.

네이버 카페의 장점

1. 초기 세팅 후 운영하기 쉽다

네이버 카페는 네이버에서 운영하는 커뮤니티 플랫폼이다. 커뮤니티를 만들기 위해 머리를 싸매고 웹 코딩을 배우지 않아도 된다. 웹 코딩을 작성해 자신이 직접 커뮤니티 웹사이트를 개발한다고 가정해보자. 웹사이트 주소를 구매하고 서버를 구축해야 한다. 벌써부터 도메인, 호스팅, 서버 등 어려운 용어가 검색된다. 아직 시작도 안했다. HTML5와 CSS로 웹사이트의 뼈대를 만들고 자바스크립트 코딩으로 모션도 적용해본다. 그럴듯한 웹사이트가 만들어졌는가? 웹 코딩의 기초만 맛본 것이다. 그동안 개발한 자료를 모두 삭제하고 회원 구분과 게시판 구성이 기획되어야 한다. 그뿐인가? 서비스 이용약관, 개인정보 취급방침 등의 서류작업도 잊으면 안 된다. 웹사이트 보안대책도 마련되어야 하고 회원정보가 유출된다면 사과문을 올릴 공지사항 게시판도 만들어야 한다. 당연히 모바일 기기로 접속하는 회원들을 위해 반응형으로 개발해야 한다. 네이버 카페로 커뮤니티를 만든다면 이 모든 과정이 생략된다. 기본적인 커뮤니티 구축에 필요한 많은 세팅이 제공되는데 그중 세 가지만 나열해보겠다.

첫째, 기본 사이트 구성이 제공된다. 도메인(https://cafe.naver.com/digitarchi 이런 식이다)을 설정할 수 있고 각 게시물마다 직접 접근이 가능한 URL(https://cafe.naver.com/digitarchi/102146 이런 식이다)도 제공된다. 또한 게시판 제작도 간단하다. 게시판은 카드형, 앨범형, 게시판형으로 나뉜다. 커뮤니티를 통해 어떤 자료를 제공할지, 어떤 방식으로 데이터를 보여줄지 정했다면 사이트 구성은 순식간이다.

카페 설정에서 각 회원이 언제 가입했고 가장 최근 언제 접속했는지 등을 확인할 수 있다.

둘째, 회원관리가 쉽다. 회원별 멤버 등급 설정 및 관리, 가입정보 관리, 가입신청 관리 등이 가능하다. 부매니저, 전체 게시판 매니저, 각 게시판 매니저 등의 스태프 설정도 간단하다. 불량회원의 활동을 정지시키거나 스팸 계정을 탈퇴시키는 기능도 있다.

셋째, 통계자료가 제공된다. 게시물당 조회 수와 댓글 수는 물론 회원활동 순위도 파악할 수 있다. 이를 이용해 우수 활동회원에게 상품을 주는 이벤트를 진행할 수 있다. 통계자료는 이벤트 때만 활용할 수 있는 건 아니다. 카페에 접속한 회원, 비회원 통계를 볼 수 있어 카페에 배너광고를 부탁한 고객에게 제출할 좋은 자료다.

모두를 만족시키려고 하면 아무도 만족시킬 수 없다. 단 한 명을 제대로 만족시키면 모두 만족한다. '배달의 민족' 브랜드 이야기를 담은 '배민다움'을 저술한 홍성태 교수의 말이다. 5천만 명 국민을 회원으로 삼을 커뮤니티를 만들려고 하지 말고 소규모이지만 탄탄한 커뮤니티를 만들어보자. 그것이 무엇이든 확장하는 방법은 다양하다. 필자가 운영하는 건축 커뮤니티, 디지트 네이버 카페는 홍익대 건축학과 후배들을 위해 만든 소규모 그룹이 시작이었다. 앞으로 어떻게 성장해나갈지 기대된다. 자신이 잘 운영할 자신이 있는, 작지만 탄탄한 마이크로 커뮤니티를 기획해 만들자.

2. 오프라인에서 새로운 인연을 만날 수 있다

지금은 다양한 앱이나 서비스로 마음만 먹으면 새로운 인연을 만나기 쉽지만 10년 전만 해도 새로운 인연을 만나는 창구가 많지 않았다. 그나마 커뮤니티 정모가 그중 하나였다. 커뮤니티 정모는 생판 모르는 사람을 만나지만 적어도 '같은 주제'로 모인다. 지역 기반 커뮤니티라면 같은 지역 사람들, 관심사 기반 커뮤니티라면 같은 관심사를 가진 사람들이 모이게 된다. 필자가 운영하던 커뮤니티의 주제는 소프트웨어 학습이어서 정모 때 지역, 나이, 성별과 상관없이 소프트웨어에 관심있는 사람들을 만날 수 있었다. 당시 20대 중반이던 필자는 정모를 통해 20세 학생부터 60대 교수님까지 다양한 사람을 만났다.

2013년 필자는 네이버 카페를 개설해 건축학과 학생들에게 도움이

첫 정모 때는 총 7명의 회원이 참여했다.

될 소프트웨어 강의자료를 올리기 시작했다. 현재는 회원 수가 2만 명이 넘지만 카페 개설 후 1년 동안은 천 명 남짓의 작은 규모였다. 카페에 올라온 콘텐츠는 '건축 알고리즘'이라는 생소한 분야의 강의였지만 나름 정모나 세미나를 개최하면 열 명가량은 참여했다. 주기적으로 오프라인 모임을 열다 보니 자연스럽게 회원들과 친분을 쌓을 수 있었다. 약 5년 동안 수천 명을 만났을 것이다. 지금은 네이버 카페를 개설한 지 9년이 훌쩍 넘었다. 당시 친분을 쌓은 대학생, 취준생, 직장인들이 지금은 교수님, 과장님, 이사님이 되었다. 심지어 규모가 꽤 큰 회사의 대표가 되신 분도 있다. 지금은 그분들이 필자에게 넘치도록 좋은 기회를 끊임없이 제공한다. 정모를 통해 만났던 많은 사람이 모두 좋은 친구이자 소중한 영업라인이 되었다. 하나의 관심사로 모여 그렇게 친해질 기회가 얼마나 있을까?

3. 다양한 제휴 기회

예나 지금이나 네이버 블로그 운영은 유행이다. 블로그에 게시물을 올려 노출되기 시작하면 꾸준한 수익과 협찬을 받을 수 있기 때문이다. 네이버 카페도 마찬가지다. 필자가 운영하는 네이버 카페는 대문에서 발생하는 광고수익만 있지만 협력사로 등록해 월별 결제를 하고 게시물을 쓰게 할 수도 있다. 차량 관련 커뮤니티에 차량 정비업체가 협력사로 등록된 경우도 있다. 차량 정비업체는 정해진 양의 홍보게시물을 올리기 위해 협력사로 등록하고 비용을 지불한다. 카페는 블로그만큼 네이버에 많이 노출될까? 그게 어떻게 가능할까?

2018년부터 네이버에 새로 생긴 기능이 있다. 네이버 블로그, 카페, 포스트, 주제별 리뷰 등의 내용을 한군데 모아 보여주는 View가 그것이다. 즉, 뭔가 검색했을 때 블로그면 블로그, 카페면 카페, 카테고리에서 검색되었던 게시물들이 View로 통합되어 보여지는 것이다. View로 블로그와 카페 게시물이 통합 검색된다. 사용자 입장에서는 한 카테고리에서 검색어 관련 정보와 다양한 리뷰를 볼 수 있어 좋다. 카페 규모가 크거나 활성도가 높다면 카페 게시물도 충분히 잘 노출된다.

카페 대문에 홍보물을 게재해 비용을 받을 수 있다. 나름의 임대수익이다. 적어도 3개월 동안 노출되어야 광고효과가 있으므로 보통 3개월 단위로 결제한다. 카페 대문 광고에 거부감을 가진 업체는 많지 않다. 대기업에서도 이미 카페 대문 광고를 진행 중이기 때문이다. 많은 기업을 유치해 카페 대문을 탄탄한 수익원으로 구축해보자. 기업들에 무작정 연락하기 어렵다면 자신이 운영하는 카페와 비슷한 카페를 찾아 그 카페에서 대문 광고를 하는 업체를 컨택하면 된다.

네이버 카페의 단점

1. 초기 세팅에 시간이 오래 걸릴 수 있다

네이버 카페는 일단 초기 세팅을 마치면 운영하기 어렵지 않다. 초기 세팅이 오래 걸릴 수 있다. 회원 수가 천 명에 도달하기 전에는 게시판, 상단 배너, 대문 등이 계속 바뀔 것이다. 아무리 꼼꼼히 기획하고 준비하더라도 커뮤니티가 생각한 방향으로 발전하지 않을 수도 있다. 카페 이름이나 주제가 바뀔 수도 있다. 운영을 잘하는 카페를 많이 찾아보면서 참고하자. 상단 배너와 대문은 어떻게 꾸몄는지, 가입 질문은 무엇이고 왜 그렇게 구성했는지, 등업 조건은 무엇인지, 어떤 이벤트를 진행 중인지 꼼꼼히 살펴볼 내용이 정말 많다. 꼼꼼할수록 참고사항이 많이 눈에 띈다. 필자가 운영하는 카페도 온전히 필자의 머리에서 나온 게 아니다. 지금도 대문 디자인이나 이벤트는 다른 카페를 많이 참고한다. 일단 세팅만 잘하면 운영은 어렵지 않을 거라는 생각으로 최대한 섬세하게 세팅하자.

2. 운영정책이 명확해야 한다

사회에는 다양한 의견의 사람들이 모여 있다. 두 명 이상 모이면 사회다. 네이버 카페에는 의견을 가진 수많은 개인이 모여 있어 억울한 사람이 없도록 운영정책을 명확히 설정해야 한다. 다양한 상황에서 생길 수 있는 모든 문제를 나열해 각 상황의 대책을 마련해야 한다. 카페 운영자가 운영정책을 명확히 설정하지 않으면 같은 상황에서도 다른 대책을 내세워 회원들의 신뢰감이 떨어질 수 있다. 게다가 미꾸라지라도 한 마리 있으면 카페 분위기를 흐리는 건 시간문제다. 많은 회원의 의견을 수렴해 모두에게 공정하게 적용할 운영정책을 마련해야 한다.

03

공유 오피스

코로나 이전에는 재택근무라는 용어가 생소했지만 지금은 많은 사람이 경험한 일이다. 일부 업체는 코로나 대유행이 진정된 현재도 재택근무 형태를 유지 중이다. 참고로 필자가 운영하는 사무소는 100% 재택근무다. 굳이 사무실에 출근하지 않아도 업무가 가능한 분야가 있다. 필

사무실 유휴공간을 활용해 원격근무자용 작업공간을 마련했다.

자는 지식서비스 사업을 운영해 가능한 것이다. 출근하지 않고 재택근무를 한다면 스타벅스나 할리스 등 프랜차이즈 카페를 전전하게 된다. 위워크나 패스트 파이브 같은 대형 공유 오피스에 입주해 공간을 사용할 수도 있지만 높은 임대료에 결제를 망설일 때가 많다. 자신이 거주하는 집에서 공유 오피스가 멀리 떨어진 경우도 있다.

우리나라는 젊은 20대 창업 비중이 높다. 국가에서 시행하는 정부지원 사업도 있고 AC(Accelerator)나 VC(Venture Capital)의 활발한 지원과 투자활동으로 창업이 어렵지 않은 환경이다. 누구나 마음만 먹으면 자신이 생각한 사업 아이템으로 먹고 살 수 있는 시대다. 팀원을 구하기 전까지는 보통 1인 대표로 작업할 공간이 필요한데 예비 창업자들도 작업할 공간을 찾는다. 이들은 사무실을 별도로 차리기에는 보증금과 초기 세팅 비용이 걱정된다. 정부지원 사업의 공간지원 사업에 서류를 제출하지만 주기적으로 사무실 위치를 바꿔야 해 부담스럽다. 그 해결책으로 사무실 유휴공간을 활용하는 방법이 있다. 자기 사무실에 빈자리가 많다면 그들에게 공간을 제공하고 관리비를 받는 방식이다.

필자는 2호선 합정역 근처에 28평 사무실을 운영 중이다. 2016년 3월 사무실을 잡을 때만 해도 필자가 운영하는 업체를 포함해 총 네 개업체가 모였다. 각 업체 대표가 보증금을 모으고 월세도 사용 면적에 맞추어 나누어 냈다. 그 덕분에 꽤 넓은 공간을 부담없이 사용할 수 있었다. 6년이 지난 현재 필자의 사무실을 제외하고 세 개 업체가 나갔다. 모두 개인적인 사정으로 이사갈 수밖에 없어 필자는 각 대표가 냈던 보증금을 돌려주고 월세도 혼자 부담하게 되었다. 물론 넓은 공간을 비워두진 않았다. 평소 해보고 싶던 사업을 활발히 기획해 운영했다. 여러 사업에 지분투자를 했다. 필자는 각 사업에 투자금을 제공하고 공간을 지원했다. 그렇게 사무실이 활력을 찾는 듯했지만 각 사업이 모두 재택근무로 돌아갈 수 있다는 것을 깨닫기까지 오래 걸리지 않았다.

2018년부터 필자의 주력사업 하나를 제외하고 모두 재택근무로 전환했다. 다섯 좌석을 빼면 빈 좌석으로 가득했다. 그때 공간을 멋지게 꾸며 필자의 개인 놀이터로 활용할 계획을 세웠다. 유튜브 촬영 스튜디오, TV 시청과 게임을 즐길 마루공간, 독서할 서재, 휴식공간을 만들고자 했다.

사무실 한쪽에 편안히 휴식을 취할 마루를 시공했다.

마루공간 설계가 끝나 시공하던 도중 평소 친했던 후배로부터 연락이 왔다. 사무실에 빈자리가 있으면 관리비를 내고 쓰고 싶다고 했다. 그때까지만 해도 혼자 넓게 공간을 쓸 생각에 신나 자리 사용이 어렵겠다고 정중히 거절하고 전화를 끊었다. 다음 날 그 후배로부터 다시 연락이 와 본인을 포함해 세 명이 자리를 사용할 테니 한 번 더 생각해달라는 것이었다. 그러면서 관리비 명목으로 얼마를 주겠다고 제안했다. 생각보다 높은 금액을 제시해 살짝 놀랐다. 반대 입장에서 생각해보면 이해가 되는 금액이었다. 보증금 없이 세 자리를 사용하면서 꽤 넓은 사무공간을 활용할 수 있었기 때문이다. 결국 마루 공간만 시공을 마치고 세 명이 사용할 좌석을 마련해줬다. 사무공간 이름도 '디지트 라운지'라고 지었다.

처음 입주할 때 네 개 업체가 공동으로 자산을 구매한 덕분에 에어

사무실에 세면대, 에어컨, 커피머신, 냉장고, 전자레인지 등을 마련했다.

컨, 커피머신, 냉장고, 스피커 등은 마련되어 있었다. 처음 입주한 세 명의 친구는 공간이 너무 마음에 들었는지 다른 친구들에게도 공간을 소개했다. 그렇게 한 명 한 명 입주하다 보니 공간이 가득 채워졌다. 2022년 필자가 운영하던 나머지 사업 하나도 100% 재택근무를 실시하면서 사무실 한쪽이 썰렁해졌다. 사무실 한쪽에는 이미 입주한 사람들이 많아 썰렁해진 사무실 공간을 놀자판 세트로 꾸미기는 어려웠다.

원루프랩은 사무실 유휴공간 공유를 도와주는 서비스다.

사무공간 중 사용하지 않는 곳이 있다면 디지털 노마드를 위해 공간을 꾸며보자. 요즘은 플랫폼이 워낙 다양해 공간을 사용할 사람 모으기가 어렵지 않다. 고정석으로 사용하는 방식이 아니라 유동적으로 공간을 사용해도 괜찮다면 원루프랩(https://lab.oneroof.co.kr/)을 이용해보자. 원루프랩은 사무실 유휴공간을 활용해 공간을 사용할 사람들을 매칭해주는 서비스다.

공유 오피스 시작 5단계

1. 사무공간 리서치

'임장'이라는 말을 아는가? 부동산을 사거나 임대할 때 그 주변에 먼저 가보는 것으로 '임장 다닌다'라고 표현한다. 임장은 '현장에 임하다'라는 뜻이다. 요즘은 부동산 앱과 웹 서비스가 워낙 많고 다양해 오프라인 현장에 굳이 안 가도 된다고 생각한다. 하지만 숫자나 글만으로 확인할 수 있는 정보는 제한적이다. 공간을 계약하기 전에 반드시 점포를 눈으로 확인하고 주변 현황도 살펴봐야 한다. 네이버 부동산에 부동산 매물이 많이 있다. 그렇다고 모든 매물이 있는 건 아니다. 공인중개사 사무실에 직접 찾아가 문의하는 것이 가장 좋다. 무작정 박리다매식으로 공인중개사 사무소 이곳저곳을 들를 필요는 없다. 보통 한 지역의 한두 곳만 들러도 된다. 필자는 합정동에 임대한 공간이 워낙 많아 매우 친한 공인중개사 사무소가 있어 그곳의 도움을 받았다. 자신이 다른 오프라인 사업을 하지 않고 처음 해보는 사업으로 공유 오피스를 생각하고 있다면 부동산에 찾아가기 어려울 것이다. 부동산 입장에서는 당신도 고객이다. 겁먹지 말고 당당히 부동산 중개소에 들어가자. 그렇다고 너무 갑의 입장에서 맡겨둔 공간을 달라는 식으로 접근하면 곤란하다. 겨울에는 따뜻한 음료, 여름에는 시원한 음료를 들고 찾아가 도움을 요청하자. 그렇게 접근한다면, 당신이 부동산 사장님이라면 좋은 공간을 소개해주고 싶지 않겠는가?

2. 공유 오피스의 다섯 가지 조건

어떤 사무실이 좋은 곳일까? 필자가 생각한 체크리스트는 다음과 같다. 공유 오피스를 프랜차이즈 형태로 운영하는 사업체가 아니라면 어느 정도 도움이 될 것이다.

첫째, 엘리베이터가 없는 2, 3층이 좋다. 공유 오피스 고정비 중 가장 큰 비중은 월세다. 월 임대료를 최대한 적게 내야 좋은데 엘리베이터가 있다면 관리비가 높을 수밖에 없다. 오피스가 굳이 1층에 있을 필요는 없다. 접근성은 좋지만 1층의 높은 임대료를 감당하기 버겁다.

둘째, 20평 이상, 30평 이하 공간이 좋다. 공유 오피스는 자신이 사무실 공간을 사용하면서 공유할 자리가 여러 개 있어야 한다. 20평 공간이라면 탕비실을 두고 추가적인 자리를 확보하기 어렵다. 그렇다고 30평 이상 공간이라면 넓고 좋지만 인테리어비가 올라간다. 물론 좁은 것보다 넓은 것이 좋다.

셋째, 월세는 160만 원 이하가 좋다. 한 자리당 월세가 20만 원이라고 가정하면 열 자리가 확보되었다면 200만 원의 관리비를 받을 수 있다. 여기에 전기세, 소모품비를 더하면 약 40만 원의 비용이 지출된다. 매우 이상적인 경우인데 실제로 이렇다면 자신은 사무실을 무료로 사용하는 셈이다.

이는 상황에 따라 다르니 여러 가지 변수를 잘 고려해 나름의 기준을 잡자.

넷째, 지하철역과 가까운 곳이 좋다. 반드시 역에 붙어 있을 필요는 없다. 유명한 공유 오피스는 지하철역에 바짝 붙어 있는데 이는 자본력으로 이룬 성과다. 이제 막 공유 오피스를 시작한다면 월세가 월등히 높은 지하철역 바로 옆 공간을 임대하기는 어려울 것이다. 지하철역과 비교적 가까운 곳을 찾아보자. 지하철역에서 멀면 아무래도 오피스로 사용하기 꺼려질 것이다. 공유 오피스 공간 이용자들은 보통 퇴근 후 부업하는 경우가 많은데 보통 지하철 막차 시간 직전까지 작업하다가 떠나는 경우가 많다. 그들에게 부담스럽지 않은 거리가 좋다. 다만 유동인구는 많을 필요가 없으니 지하철역이 적당히 가깝고 월세가 저렴한 곳을 찾아보자.

다섯째, 인테리어가 어느 정도 되어 있는 곳이 좋다. 인테리어에 큰 비용이 들어갈 수 있다. 아무 마감재도 없이 빈 점포는 인테리어를 처음부터 해야 해 초기 투자금이 많이 들어간다. 어떤 사업이든 초기 투자금 중 인테리어는 높은 비중이다. 바로 입주해 가구만 배치하면 되는 공간도 많다. 기존 공간이 심하게 낡지 않아 조명이나 가구 배치만으로도 공간 분위기가 살아날 것 같다면 신중히 판단해 계약해도 좋다.

여기에 추가로 가산점이 될 만한 사항들이 있다. 외부에 별도로 화장실이 있다면 흡연 공간이 별도로 마련된 경우다. 사무공간을 사용하러 온 입장에서 무엇이 필요한지, 무엇이 더 있으면 좋을지 고민해보면 좋은 공유 오피스를 만들 수 있을 것이다.

3. 사무공간 인테리어

다른 사업에 비해 공유 오피스 구축에서 인테리어 비중이 높다. 관리운영을 제외하면 거의 100%다. 인테리어를 탕비실, 가구, 공조 및 업무 관련으로 나누어 필요한 내용을 표로 정리했다.

1. 탕비실	
구분	내용
정수기	얼음정수기. 얼음정수기 월 사용료가 부담스럽다면 제빙기를 배치해도 좋다.
전자레인지	편의점 도시락이 들어가 돌아갈 사이즈
냉장고	내부 내용물이 훤히 보이는 업소용 냉장고. 체계를 만들어 주기적인 관리가 필요하다.
커피머신	커피 원두(홀빈)를 즉석에서 갈아 에스프레소를 만드는 머신
간식	티백과 간단한 간식류
세면대	손 세정 및 양치, 텀블러 세척
식사 테이블 및 의자	최소 네 명 이상 앉아 식사할 수 있는 사이즈

정수기는 온수와 냉수, 정수는 기본이다. 얼음이 나오면 좋겠지만 얼음정수기 월 사용료가 부담스럽다면 별도로 제빙기를 구비해도 좋다.

제빙기는 정수기 바로 옆에 두면 좋다. 정수기에서 별도 호스를 제빙기와 연결하면 물을 채울 필요 없이 제빙기에서 얼음이 만들어진다. 전자레인지는 음식을 데워 먹는 데 필요하다. 너무 작으면 편의점 도시락을 데울 수 없어 불편하다. 냉장고는 내부가 훤히 보이는 업소용이 좋다. 내부에 어떤 내용물이 있는지 눈으로 확인할 수 있어야 잊지 않고 관리할 수 있다. 냉장고 내부의 정체불명의 음식 때문에 다른 음식물까지 피해를 볼 수 있다. 요즘은 탕비실에 커피머신이 있는 경우가 많다. 50만 원 이내로 적당한 커피머신을 구매하면 두고두고 원두커피를 마실 수 있다. 커피 원두는 인터넷에서 구입해야 하는데 판매처가 워낙 많아 합리적인 가격에 원두를 살 수 있다.

점심식사 후 아이스 아메리카노를 마시지 않는 사람은 드물지만 건강과 취향의 이유로 커피를 전혀 마시지 않는 사람도 분명히 있다. 그들을 위해 커피가 아닌 차 티백을 정수기 가까이 두면 좋다. 간단히 씹어 먹을 간식도 배치하자. 요즘은 텀블러를 많이 휴대한다. 일회용품 사용을 최대한 자제하기 위해서다. 필자도 사무실에서 머그컵으로 커피를 마신다. 탕비실에 세면대가 없다면 부득이 화장실에서 텀블러를 세척해야 하는데 화장실이 아무리 깨끗해도 대소변을 보는 곳에서 텀블러 세척은 비위생적이니 탕비실에 싱크대와 같은 세척시설을 반드시 갖추자. 두세 명이 잠시 앉아 커피를 마시거나 식사할 테이블도 필요하다. 다양한 음식과 음료를 흘릴 수 있으니 멋진 디자인보다 청소하기 쉬운

2. 가구	
구분	내용
옷걸이	공간을 구분할 때도 활용 가능. 출입문 가까이 배치
소파	잠시 앉아 휴식하거나 작업하는 용도
개인 책상 및 의자	어느 정도 알려진 브랜드의 책상과 의자

테이블이 좋다.

여름에는 옷걸이에 옷이 걸리지 않는다. 대부분 가볍게 입고 오거나 개인 자리 의자에 걸쳐둔다. 반대로 겨울에는 옷걸이에 두꺼운 옷들로 가득하다. 그렇다고 여름에 옷걸이를 뺄 수도 없다. 가끔 정장을 걸어두기 때문이다. 옷걸이는 그 자체로 공간 구분용으로 활용하자. 그러면 여름에도 역할을 할 수 있다. 옷걸이는 동선을 고려해 출입문 가까이 두자.

필자가 운영하는 공유 오피스 공간에는 엄청나게 큰 소파가 있다. 키 큰 사람이 편하게 누워 잘 수 있을 정도다. 소파는 세 명이 나란히 앉을 정도면 좋다. 노트북을 올려두고 작업할 별도의 서브 테이블이 있으면 더 좋다. 개인 자리에는 책상, 의자, 멀티탭만 있으면 된다. 유선 인터넷 사용자를 위해 랜선을 빼둬도 좋다. 책상과 의자는 브랜드 제품이 좋다. 무슨 브랜드인지 감도 안오는 제품만 아니면 되지만 가능하면 유명 브랜드가 좋다. 브랜드 로고나 이름이 잘 보이면 더 좋다. 보통 책상은 데스커, 의자는 시디즈 제품이 좋다.

3. 공조	
구분	내용
에어컨	천장형 또는 스탠드형
공기청정기	사계절 사용. 겨울에는 가습기와 떨어진 곳에 배치
가습기	겨울용

 에어컨은 천장형이 예뻐 보인다. 다만 설치하기 까다롭고 가격도 비싸다. 천장에 에어컨이 달려있다 보니 아무래도 필터를 청소할 때 힘든다. 천장이 조금만 높아도 사다리가 있어야 에어컨에 손이 닿을 것이다. 스탠드형 에어컨은 대체로 천장형보다 저렴하고 설치도 간단하다. 이전 세입자가 스탠드형 에어컨을 사용했다면 배관과 실외기는 그대로 재활용할 수도 있다. 요즘 공기청정기는 필수다. 월 사용료를 결제해 공기청정기를 사용할 수도 있다. 다만 공기청정기를 너무 맹신하지는 말자. 실내 공기질은 이산화탄소 농도가 결정한다. 여러 명이 한 공간을 오래 사용하면 이산화탄소 농도가 금방 올라가 두통을 느낄 수도 있다. 공기청정기는 이산화탄소 농도를 낮추지 못한다. 공기청정기를 24시간 돌리면서 문을 꼭 닫고 있기보다 공기청정기를 끄고 주기적으로 환기시키는 것이 바람직하다. 실내가 너무 건조하다면 가습기를 사용하자. 이때 가습기와 공기청정기는 너무 붙여놓지 않는 것이 좋다. 가습기에서 나오는 물 입자를 공기청정기는 청정해야 할 먼지로 인식하는 것 같다. 둘이 가까이 있으면 공기청정기 혼자 너무 열심히 일한다.

4. 업무 관련	
구분	내용
복합기	A3/A4, 흑백/컬러, 인쇄/복사/스캔
사무용품	스카치 테이프, 박스 테이프, 양면 테이프, 스태플러, 볼펜, 칼판, 칼, 가위, 건전지 등

　요즘은 'ESG 경영'으로 제로 페이퍼가 유행이다. 인쇄나 복사를 하지 않고 디지털 기기로 일한다는 뜻이다. 그렇다고 사무공간에 복합기가 없으면 불편하다. 가끔 인쇄나 스캔해야 할 경우가 있기 때문이다. 복합기는 월 사용료를 내고 렌탈하거나 적당한 가격대에 살 수도 있다. 대부분 A4 사이즈를 출력하겠지만 여유가 있다면 A3 컬러 출력까지 되는 복합기를 사자. 필자가 운영하는 공유 오피스 공간에서 지난 1년 동안 A3 출력은 한 번도 못 봤다. 복합기 옆에 노트북을 비치해 즉시 출력할지 공간 운영을 도와주는 스태프에게 문의해 출력할지 각자 잘 판단해 결정하자. 사무용품은 복합기 가까이 두면 좋다. 인쇄되어 나온 종이를 스태플러로 찍거나 가위나 칼로 잘라야 할 경우가 있기 때문이다.

4. 오피스 홍보

렌탈 스튜디오는 사진촬영이나 파티 공간을 임대해주는 사업이다. 렌탈 스튜디오 이용자는 잠시 지나가는 고객이다. 물론 자주 이용하는 사람도 있겠지만 일주일에 다섯 번 이상 똑같은 공간을 렌탈하는 경우는 없을 것이다. 반면, 공유 오피스는 공간을 함께 사용할 사람을 모집하므로 몇 년 동안 얼굴을 볼 수도 있다. 어떤 사람이 공간에 들어오느냐에 따라 공간의 전체적인 분위기가 바뀐다. 렌탈 스튜디오 이용자로 진상 고객을 만나면 골치 아프지만 다음에 그가 다시 렌탈한다면 주의를 주거나 공간 사용을 거부할 수 있다. 하지만 공유 오피스는 그렇게 하기 어렵다. 직장 동료처럼 한 공간을 함께 사용하다가 쓴소리하기는 쉽지 않다. 공유 오피스의 최대 단점은 원하는 고객을 선택할 수 없다는 것이다. 고객을 직접 선택하고 싶다면 명확한 기준을 세워 특정 고객만 사용하게 하면 된다. 하지만 면접까지 봐가며 고객을 고를 수는 없는 노릇이다. 어떤 채널로 홍보하느냐에 따라 공유 오피스 공간을 방문하는 고객층이 구분된다. 무작정 홍보하지 말고 현명하게 접근해야 한다. 고객이 궁금해할 모든 정보를 사진으로 잘 촬영해 공간 홍보용 글을 작성하자.

홍보용 글은 어디에 올려야 할까? 우선 '관심사 기반 커뮤니티'에 홍보해야 한다. 가장 좋은 홍보 채널은 공유 오피스 운영자가 모시기 좋은 고객층이 많은 커뮤니티다. 디자이너들로 공간이 가득 차길 원한다면 디자이너 커뮤니티, 개발자들의 작업 공간으로 만들고 싶다면 개발자 커뮤니티에 공간을 홍보해야 한다. 디자이너도 컴퓨터 작업이 많은지 스케치 작업이 많은지, 각 자리에 보조 모니터를 배치할지 대형 책상을 배치할지 전략이 세워진다. 스타트업 팀을 모시고 싶다면 서너 개씩묶어 책상을 배치해야 한다. 작업자를 생각해 그에 맞는 커뮤니티를 찾아 홍보하자. 보통 관심사 기반 커뮤니티에 공간을 홍보하면 사람들이 금방 모인다. 관심사 기반 커뮤니티에 홍보했는데도 쉽게 안 모인다면 공간의 조건이 월세보다 열악하거나 해당 커뮤니티 사람들에게 공간이 별로 필요없는 것이다. 그런 경우, '지역 기반 커뮤니티'에 홍보해야 한다. 지역별로 네이버 카페와 같은 커뮤니티가 있기 마련이다. 자신이 능글맞게 그런 커뮤니티에 가입해 홍보용 글을 쓰기 어렵다면 당근마켓을 이용하면 된다. 당근마켓은 지역 기반 중고거래 서비스로 요즘 지역 기반 커뮤니티로 성장 중이다. 당근마켓에 공유 오피스 홍보용 글을 작성하면 그 지역 사람들에게 노출된다.

마지막 방법은 스페이스 클라우드(https://www.spacecloud.kr/)다. 스페이스 클라우드에 공간을 올리면 공간을 검색하는 다양한 사람들에게 노출된다. 독립 오피스, 코워킹 오피스, 비상주 서비스 중 자신이 운영하려는 방식대로 공간을 홍보하면 된다. 스페이스 클라우드에는 활동 중인 회원이 많다. 관심사 기반 커뮤니티나 지역 기반 커뮤니티에 홍보해도 효과가 없었다면 스페이스 클라우드의 홍보효과를 기대해보자.

5. 운영관리

인원이 한 명이라도 들어왔다면 이제 운영관리를 할 차례다. 별 것 없다. 청소와 소모품 채우기만 잘하면 된다. 청소는 주기적으로 해야 한다. 특히 사무공간뿐만 아니라 화장실 청소도 신경써야 한다. 사무공간이 아무리 깨끗해도 화장실이 지저분하면 고객에게 좋은 이미지로 기억되기 어렵다. 자신이 원래 깔끔한 성격이라면 공간이 항상 깨끗이 유지되겠지만 그렇지 않은 성격이라면 체크리스트를 만들어 매일 신경써 청소하자. 소음이 큰 청소기는 당연히 고객들이 별로 없을 때 사용해야 한다. 원두, 휴지, 손 세정제, A4 용지 등 필요할 때 없으면 곤란한 소모품이 많다. 사무실 한쪽에 창고 공간을 만들어 소모품이 부족하지 않도록 관리해야 한다.

공유 오피스 매출 및 지출

초기 투자			
비용		노력	
상세 내역	비용	상세 내역	기간
보증금	2,000만 원	초기 시스템 구축	3개월
인테리어	1,200만 원	청소	7시간/주
가구 집기	170만 원		
초기 투자금	3,370만 원	초기 투자 노력	3개월 + 7시간/주

	매월	매년
매출	340만 원	4,080만 원
고정지출	140만 원	1,680만 원
유동지출	15만 원	180만 원
순수익	185만 원	2,220만 원
매출 대비 수익률	54.4%	
투자금 대비 연수익률	65.9%	
투자금 복구 기간	18개월 6일	

공유 오피스는 자신이 운영하는 사무실에 유휴공간이 있을 때 시도하면 좋다. 사무실이 아예 없는 경우의 초기 투자금을 산정해보았다. 보증금은 다시 돌려받는 비용이지만 초기에 투입되는 비용이어서 산입했다. 필자는 인테리어가 되어 있는 공간에 들어가 인테리어 비용이 따로 들지는 않았지만 30평 공간도 콘크리트만 있는 곳이 아니라면 약 천만 원에 깔끔한 인테리어가 가능하다. 의자, 탁자, 조명이 너무 사무적이지 않고 가격이 높지 않고 나름 핫한 제품으로 배치하자. 한 좌석당 30~40만 원에 세팅할 수 있다.

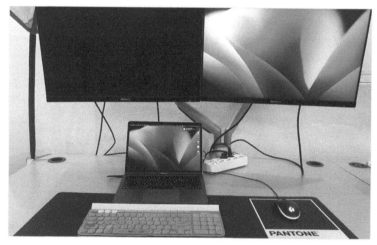

두 좌석은 듀얼 모니터와 기타 장비를 세팅해 노트북만 가져오면 바로 작업할 수 있도록 준비했다.

사무공간을 사용하면서 인터넷, 정수기, 복합기 등은 미리 준비하자. 초기 시스템 구축 기간을 넉넉히 3개월로 잡았다. 청소는 하루 1시간으로 계산해 일주일 7시간으로 산정했다. 공유 오피스 고정지출은 월세,

유동 지출은 전기세와 소모품비가 있다. 사무실 전기료는 생각보다 높지 않다. 일반 가정용 전기보다 훨씬 저렴하다. 20평대 사무공간인데도 한 달에 전기료는 10만 원 안팎으로 나온다.

공유 오피스의 장점

1. 쾌적한 사무공간을 사용할 수 있다

공유 오피스를 운영하려면 당연히 공간이 있어야 한다. 물론 처음부터 공유 오피스로 사업화할 생각으로 공간을 꾸밀 수도 있다. 그러기에는 너무 부담되고 리스크도 있어 사무공간을 이미 사용 중인데 공간이 남는다면 시작해보길 권한다. 필자는 정말 운이 좋았다. 매출이 높지 않던 사업 초기에는 월세를 나누어 낼 수 있었고 경제적 여유가 생길 때부터 공간을 점점 넓게 사용할 수 있었다. 처음부터 넓은 공간의 월세를 혼자 감당하려고 했다면 부담스러워 시작조차 못했을 것이다. 정말 사무실이 필요한 사업인데 아직 사무실을 구하지 못했다면 같은 월세에 더 넓은 곳을 찾아보자. 네이버 부동산이나 네모 앱을 이용해도 좋지만 가장 좋은 방법은 부동산 중개소에 찾아가는 것이다. 주변 시세보다 조건이 별로 나쁘지는 않지만 월세가 유독 저렴한 매물이 있다. 발품을 많이 팔아야 한다. 사무공간은 일단 계약하면 오래 사용하는 경우가 많다. 시간이 다소 걸려도 좋은 사무실 매물을 찾아 계약하자.

공유 오피스를 운영하면 어느 정도 월세 부담이 줄어 더 좋은 조건의 사무공간을 확보할 수 있다. 월세가 80만 원인 사무공간을 혼자 사용하는 경우와 160만 원인 사무공간을 네 명이 사용하는 경우를 비교해보자. 지역에 따라 다르겠지만 월세 80만 원 사무실은 역세권이 아니더라도 공간이 넓기 어렵다. 반면, 월세 160만 원 사무실이라면 월세 80만 원 사무실보다 두 배 이상 넓고 쾌적하다. 네 명이 함께 사용해도 쾌적하다 1인당 관리비로 20만 원씩 낸다면 자신이 내는 월세는 80만 원이다.

공유 오피스 입주자들의 업무 분야는 다양하다. 소프트웨어 개발, 마케팅, 디자인 등 한 단어로 묶을 수 없다. 공통점은 공유 오피스 가까이 집이나 사무실이 있다는 것이다. 관심사보다 동네 맛집을 주제로 대화 나누기 편한 사람들이다. 다양한 분야에 종사하다 보니 코워킹 기회도 많이 생긴다. 혼자 끙끙 앓던 문제도 타 분야 직원과 이야기해 문제가 해결된 경험이 한 번씩 있을 것이다. 공유 오피스로 만난 사람들과 대화하다 보면 그런 경험을 자주 한다.

2. 무인 운영이 가능하다

최근 무인 카페, 무인 스터디카페, 무인 세탁소 등 인건비가 안 드는 무인사업이 유행이다. 인건비가 상승한 탓도 있지만 사람 관리가 어려운 탓도 크다. 알바생이 자주 바뀌는 편의점이나 카페 사장님의 고충을 아는가? '오토 매장'이어서 따박따박 수익이 통장에 박힐 것 같지만 일주일에 두세 번 알바생 면접을 봐야 하는 게 현실이다. 오래 일하는 알바생을 사장님들이 끔찍이 아끼는 이유다. 공유 오피스는 100% 무인 운영이 가능하다. 처음에만 입주 예정자에게 화장실 위치, 커피머신 사용법 등을 알려주면 된다. 그 후에는 무인 운영이다. 데스크에 앉아 응대하지 않아도 된다. 입주자는 사무공간을 조용히 사용할 뿐이다. 물론 출입 시스템이나 보안 시스템을 충분히 준비해야 한다. 보안에 문제가 생기면 신뢰 상실은 물론 모든 손해를 배상해야 한다.

공유 오피스의 단점

1. 고객 확보가 어렵다

필자는 건축 IT기업을 운영하면서 인맥을 쌓아온 덕분에 공간을 함께 사용할 사람들을 쉽게 모집할 수 있었다. 하지만 일반적으로 플랫폼의 홍보력을 믿을 수밖에 없다. 원루프랩을 이용하면 기존 회원에게 공간이 노출되어 홍보가 저절로 되지만 고정석으로만 오피스를 공유하고 싶다면 다른 방법을 찾아봐야 한다. 역세권 사무공간은 고객 확보가 생각보다 금방 된다. 하지만 역세권을 벗어난 사무실은 월세가 저렴한 대신 고객 확보가 어렵다.

어떤 플랫폼에서 홍보해야 할까? 에어비앤비, 스페이스 클라우드 등 다양한 플랫폼에 공간을 올려도 되지만 투자비용 대비 최대 홍보효과를 기대할 수 있는 플랫폼은 당근마켓이다. 당근마켓은 지역 기반 중고 거래 플랫폼이다. 당근마켓의 당근은 '당신의 근처'를 줄인 말이라고 한다. 만약 면목동에서 공유 오피스를 운영한다면 그 근처 거주자에게만 노출되는 방식이 가장 효과적이다. 타 지역 사람에게 노출되어봤자 비용만 발생할 뿐 별로 도움이 되지 않는다. 이제 마케팅도 현명하게 해야 한다. 당근마켓에 비즈니스 프로필을 만들어 소식을 작성하자. 그렇게 작성한 소식을 이용해 홍보비용을 투입하면 고객을 쉽게 확보할 수 있다. 물론 소식에 올릴 멋진 사진 촬영을 위해 일하고 싶도록 만들 인테리어가 선행되어야 한다.

2. 공간관리는 필수다

공유 오피스는 공간에 머물 인력이 필요 없는 무인사업이다. 그렇다고 아무 일도 안 해도 된다는 뜻은 아니다. 공간 사용자들은 단지 '책상이 있다'라는 이유만으로 관리비를 내지 않는다. 공간을 사용하는 데 불편이 없어야 한다. 기계장비는 작동하는 데 문제가 없어야 하고 커피머신은 항상 원두와 물로 채워져 있어야 한다. 휴지통은 깔끔히 비워져 있고 화장실은 깔끔한 상태여야 한다. 이 모든 청소와 관리를 누군가는 해야 한다.

필자처럼 청소하기를 좋아하는 사람이라면 문제없다. 더러워진 공간을 깔끔히 정리하는 것을 좋아하고 특히 화장실 청소나 커피머신 청소에 쾌감을 느끼는 사람이라면 오히려 공간관리가 필요하다는 것은 장점이다. 필자는 세차나 청소사업도 꽤 구체적으로 구상한 적이 있다. 청소가 자신에게 너무 어려운 일이고 특히 남들이 사용한 공간을 청소하는 것이 싫다면 공유 오피스 운영을 권하고 싶지 않다.

04

오프라인 강의

약 12년 전 필자는 '라이노'라는 건축 소프트웨어를 접한 후 학습과 동시에 강의도 시작했다. 개념을 완벽히 이해하지는 못했지만 어쨌든 강의할 기회가 있었기 때문이다. 강의를 하려면 강의 자료도 필요해 포토샵, 일러스트레이터, 파워포인트로 자료를 열심히 만들었다. 강의 자료는 수강생에게 강의 내용을 쉽게 이해시키는 보조 도구다. 시시할 만큼 내용이 너무 기초적이면 안 되고 너무 어려워도 안 된다. 강의 자료는 학생들의 궁금증을 적절히 풀어 설명한 자료여야 한다. 강의 자료를 만들면서 강사는 자연스럽게 수업 내용을 복습한다. 그뿐만 아니라 이해하기 쉽도록 어떻게 설명할지 머릿속으로 계속 생각하다 보니 자연스럽게 수업 내용을 다각적인 관점에서 바라보게 된다.

'나누어 정복하다(Divide and Conquer)'라는 말이 있다. 복잡한 알고리즘을 풀어나가는 데 필요한 개념으로 특정 문제를 해결하는 방법이다. 하나의 큰 문제를 요소로 쪼개 각 요소를 처리하는 방식이다. 그럼에도 불구하고 그 요소가 처리하기 어렵다면 더 작은 요소로 쪼개는 것이다. 이 이론이 적용되지 않는 분야는 없다.

요리를 가정해보자. 라면 조리 방법은 매우 간단하다. 라면봉지 뒤의 조리법을 보면 3단계다. 물을 끓인다. 재료를 넣는다. 4분 후 완성된다. 각 요소는 누구나 이해하기 쉽다. 그렇다면 고급 레스토랑의 비프 스테이크는 어떨까? 라면보다는 조리 과정이 까다로울 것이다. 하지만 전 과정을 이해하기 쉽게 나누면 쉽게 요리할 수 있다. 3단계인 라면보다 단계가 많을 것이다. 적어도 7단계는 될 것이다. 하지만 과정이 길어보일 뿐 요소를 뜯어보면 이해하지 못할 단계는 없다. 이같이 아무리 복잡하고 어려운 문제도 나누어 정복한다는 생각으로 접근하면 쉽게 해결할 수 있다. 배우고 싶은 개념이 있다면 나누어 정복한다는 개념으로 누군가에게 직접 가르쳐보자. 강의 자료를 어떻게 만들어야 할지 구체적인 계획이 만들어질 것이다.

오프라인 교육 시작 5단계

1. 무엇을 가르칠 것인가?

교육은 쉽지 않다. 교육에는 '가르치다'라는 뜻만 있는 것은 아니다. 교육의 한자를 풀어보면 '가르쳐 기르다'라는 뜻이다. 지식과 기술을 가르쳐 인격을 기른다는 뜻이다. 교육만큼 고귀한 행위도 없을 것이다. 하지만 누구나 교육자가 될 수 있다. 전공자가 아니라도 상관없다. 강사가 아니어도 된다. 대학에서 학생들을 가르치는 교수님도 첫 강의의 순간이 있었다.

자신에게 특기가 될 만하고 진심으로 궁금증을 갖고 배우고 싶은 것을 가르쳐보자. 특정 분야의 특정 콘텐츠만큼은 남들보다 쉽게 풀어 설명하고 남들을 이해시킬 자신감만 있으면 된다. 지금 세상에 없는 강의도 좋다. 누군가에게 도움이 되고 그들이 그 강의 콘텐츠에 돈을 낼 수 있으면 된다. 세상에 없던 강의도 불명확한 콘텐츠면 안 된다. 한 문장으로 말할 수 있을 정도로 명확해야 한다. 대략적인 강의 방향만 정하자. 이후 타깃을 정하면서 강의가 명확해진다.

2. 누구에게 가르칠까?

이제 구체적으로 누구를 가르칠지 타깃을 정할 때다. 누가 돈을 내고 내 강의를 들을지 구분할 시간이다. 강의 타깃을 최대한 세분화해야 한다.

강의 방향을 '포토샵'으로 정했다고 가정하고 타깃을 정해보겠다. 그들은 누구이며 왜 강의를 들으려고 할까? 대학생과 실무자, 작가와 비전공자로 나누어 생각해보자.

구분	배우는 목적	필요한 강의
대학생	학과 과제물을 빨리 만들어내기 위해	기본 명령어를 활용한 강의
실무자	회사 프로젝트를 빨리 수행하기 위해	오류 상황 대처법, 응용 명령어를 활용한 강의
작가	다양한 디자인 대안을 만들기 위해	독특한 디자인 방법을 알려주는 강의
비전공자	포토샵을 이용한 부업 수행을 위해	다양한 포맷에 맞는 결과물을 만드는 강의

대학생 중에는 포토샵을 처음 배우는 학생이 많다. 물론 그중 소수는 대학생이 되기도 전에 포토샵을 다루었겠지만 모든 예외 경우를 따져가며 계획을 세울 수는 없는 노릇이다. 가장 일반적인 상황을 가정해야 한다. 대학생은 대학에서 교수님이 내주시는 다양한 디자인 작업 과제 수행을 위해 포토샵을 많이 사용할 것이다. 그들에게는 픽셀과 Dpi, RGB와 CMYK의 차이 등 다양한 개념과 포토샵 기본 인터페이스, 이미지 내보내기, 파일 저장하기 등을 알려주어야 한다. 그들이 강의를 듣는 목적이 '학과 과제물을 빨리 만들어내기'임을 기억해 그에 적합한 팁도 강의에 섞는다.

실무자라면 포토샵을 어느 정도 다룰 줄 안다. 다만 학교에서 배운 것과 달리 실무에서는 당황스러운 상황을 많이 접하니 오류 상황 대처법, 응용 명령어 활용법을 강의로 만들면 좋을 것이다. 실무에 정말 도움이 되는 부분이 조금이라도 있다면 실무자들은 교육에 돈을 아끼지 않는다. 물론 그만큼 질높은 강의를 제공해야 한다.

작가가 포토샵 강의를 찾아 듣는 경우는 거의 없을 것이다. 다만 실무자와 확연히 다른 고객층임을 인식하자. 어느 정도 반복 구간이 있는 실무자의 작업과 달리 작가는 매번 새로운 작품을 포토샵으로 만들어낼 것이다. 그들은 평소 볼 수 없던 특이한 형상이나 떠올리기 힘든 디자인을 만들어내야 한다. 그들이 강의를 찾아 듣는다면 독특한 디자인 방법을 알려주는 강의를 원하지 않을까?

비전공자가 포토샵 강의를 찾는 경우는 부업으로 수익을 올리고자 할 때다. 그들은 포토샵을 이용해 로고 디자인, 포스터 디자인, 유튜브 썸네일 디자인 등의 작업으로 부가 수익을 올리려고 할 것이다. 그에 맞추어 다양한 포맷에 맞는 결과물을 만드는 강의를 제공하자. 각 프로젝트의 단가를 표로 정리하거나 높은 견적료를 받는 협상법을 알려주어도 좋을 것이다. 이같이 타깃을 세분화하고 그들이 강의를 무슨 목적으로 듣는지 나열해보자. 구체적인 강의 방향이 정해질 것이다.

3. 학습

뭔가를 배우고 익히는 데는 지름길이 있다. 분야를 막론하고 공통적으로 적용되는 방법이다. 배움은 그 자체로도 의미가 있지만 진정한 학습을 위해서는 익히는 과정이 필요하다. '학습(學習)'이라는 단어 자체에도 있는 뜻이다. 배울 학, 익힐 습. 이때 배운 것을 익히는 가장 쉬운 방법이 누군가를 가르치는 것이다. 아인슈타인은 '당신이 쉽게 설명할 수 없다면 제대로 이해하지 못한 것이다.'라고 말했다. 모든 전문가는 강사라고 말할 수는 없지만 모든 강사는 그 분야의 전문가다. 전문가가 아니더라도 공부하고 강의를 시작했다면 전문가로 성장하기 시작할 것이다.

'구 선생', '유 선생'이라는 말이 있다. 구글과 유튜브에서 많이 배울 수 있어 생긴 용어다. 인터넷에는 많은 정보가 떠다닌다. 누구나 원하면 특정 분야의 전문가가 될 수 있는 세상이다. 다만 '정보의 바다'에서 수영하며 불필요한 정보를 걸러내는 능력이 필요하다. 구글과 유튜브 외에 책과 강의도 훌륭한 학습 채널이 된다. 평소 배움은 배우려는 마음가짐에 달렸다. 배우는 시간과 익히는 시간을 적절히 안배해 완성도 높게 학습하자. 성대모사를 잘하려면 말하기 능력보다 듣기 능력이 더 중요하다고 한다. 강사가 강의를 하려면 강사 자신의 이해도가 높아야 한다. 필자는 학습시간을 2년으로 잡았지만 말을 조리있게 잘하고 이해력 높은 사람은 훨씬 짧은 시간에 강사가 될 수 있다.

4. 강의 자료 제작

오프라인 강의 자료는 종이로 출력하는 유인물 형태가 많다. 한글, 워드, 파워포인트, 엑셀 등 자신있는 툴을 활용해 강의 자료를 만들면 된다. 실제로 출력할 경우를 생각해 A4 용지 사이즈로 제작하면 된다. 강의 자료가 너무 자세하거나 반대로 너무 성의 없이 불친절하면 안 된다. 자료 자체가 너무 자세하면 보는 학생 입장에서는 지치고 수업집중도가 떨어진다. 그렇다고 너무 듬성듬성 내용을 채워 넣으면 그 강의 자료로는 복습하기도 어려울 수 있다. 강의 자료는 적절한 밀도로 콘텐츠를 채워 넣어야 한다.

'글 그림 표'라는 말이 있다. 보고서를 작성할 때 자세한 내용을 글로 작성하고 그 개념을 이해시킬 다이어그램이나 사진이 그림으로 나오고 마지막에 정리하는 컨셉으로 표가 나온다는 뜻이다. 글쓰기에 20 정도의 에너지를 쓴다면 그림과 표 만들기에 80 정도의 에너지를 쏟자. 글은 쉽게 잊히지만 그림과 표는 머릿속에 오래 남는다. 그림은 역사적으로 뭔가를 이해시키는 훌륭한 도구였고 표는 학창 시절부터 시간표나 급식 식단표 등으로 친숙하기 때문이다. 처음부터 컴퓨터를 잡고 머리를 싸매고 있으면 안 된다. 처음에는 손으로 적는 것이 가장 좋다. 태블릿 PC나 종이를 앞에 두고 자유롭게 강의 자료를 구성하자. 어느 정도 형태가 잡히면 컴퓨터 작업으로 문서화하고 여러 번 출력해보면서 완성도 높은 자료로 만들어가면 된다.

5. 교육기관 접촉 및 강의

강의 타깃을 정하고 강의 자료도 만들었다면 본격적으로 강의할 차례다. 다만 아무 곳에나 가서 강의할 수는 없는 노릇이다. 강의를 원하는 곳에 가 강의해야 한다. 분야별로 교육할 곳은 다양하다. 필자가 몸담은 건축설계 소프트웨어 강의라면 건설기술교육원, 건설산업교육원 등의 기관과 다양한 학원이 있다. 조금만 검색하면 정말 많이 나온다. 물론 필자는 오랫동안 강의해 어떤 교육기관이 있는지, 어떤 교육 과목이 뜨는지 빠삭하게 안다. 강의를 단 1시간도 해본 적 없는 당신도 쉽게 검색해볼 수 있다.

당신 강의의 타깃은 누구인가? 당신이 그가 되었다고 가정하고 구글에서 오프라인 강의를 찾는다고 생각해보자. 어떤 키워드로 검색해야 할지, 강의를 어디서 얼마를 내고 들어야 할지 등을 쉽게 조사할 수 있다. 다양한 교육기관이 리스트업될 것이다. 그렇게 모은 교육기관 중에서 내실있어 보이는 곳에 컨택하자. 강사가 먼저 연락해 강의하고 싶다는데 어떤 교육기관이 싫어할까? 교육기관 입장에서는 강사가 소중한 존재다. 당당히 연락해도 좋다. 강의를 한다면 시간당 얼마를 받을 수 있는지, 어느 정도의 주기로 정산하는지 등을 물어보자. 강의 담당자가 당신에게 전문성을 물어본다면 그동안 잘 만들어둔 유튜브 채널 링크를 주면 설득될 것이다.

오프라인 강의 매출 및 지출

초기 투자			
비용		노력	
상세 내역	비용	상세 내역	기간
노트북	180만 원	학습	2년
태블릿 PC	100만 원	강의 자료 제작	1개월
초기 투자금	280만 원	초기 투자 노력	2년 1개월

	매월	매년
매출	200만 원	2,400만 원
고정지출	0원	0원
유동지출	10만 원	120만 원
순수익	190만 원	2,280만 원
매출 대비 수익률		95%
투자금 대비 연수익률		814.3%
투자금 복구 기간		1개월 반

오프라인 강의를 시작하는 데 필요한 것은 아무 것도 없다. 종이와 펜만으로도 강의 준비가 가능하다. 하지만 현실적으로 노트북, 태블릿 PC가 있어야 원활한 강의가 가능하다. 게다가 필자와 같이 소프트웨어 교육이 목적이라면 노트북이 더더욱 필요하다. 성능 좋고 무거운 노트북보다 가볍고 배터리가 오래 가는 노트북이 좋다. 노트북이 가벼워야 기동성 있게 어디서든 작업할 수가 있다. 개인적으로 LG 그램이나 맥북 에어를 추천한다. 너무 비싸지도 않고 중고로 판매해도 잘 팔리는 제

품이다. 강의를 준비한다면 태블릿 PC 구매를 권한다. 강의 기획을 하거나 강의 자료를 만들 때 노트북을 사용하면 유연한 생각을 하기 어렵다. 키보드 위에 손을 올리고 타이핑하는 자세보다 손가락으로 뭔가를 쥐고 그림 그리는 자세여야 생각의 자유도가 높아진다. 손가락이 자유로워야 생각도 자유로워진다. 필자가 운영하는 IT기업 이름은 '디지트'인데 손가락이라는 뜻이다.

no	동네배움터명	프로그램명	운영시기	문의
1	도화동네배움터	나도 청소년 크리에이터!	8-9	02-6925-2684
		놀이터 문화조사 프로젝트 '놀면 뭐하니?'		
2	망원동네배움터	내 손으로 빛는 도예소품	8	02-332-2541
		나만의 앱 만들기		
3	비꼬아트동네배움터	리빙오브제	8	02-332-5110
		서양미술사와 함께하는 도자기		
4	성산동네배움터	슬기로운 그림책 생활(위생편)	7-8	02-3153-5931
		취미프로젝트 아크릴재핑		
5	청년나루동네배움터	청년 디지털 교육	8	02-6251-1943
		파이썬 기초 활용 웹크롤링&웹스크랩핑	7	02-3153-8976
6	합정동네배움터	아이와 떠나는 공감 여행법	8	
		엄마표 보드놀이로 아이와 대화하기		

※ 상기 일정은 변경될 수 있으니 반드시 사전에 배당 동네배움터에 문의하시기 바랍니다.

www.mapo.go.kr 35

우연히 옆집 철물점 아저씨가 준 지역 잡지에서 구청 코딩 강의 사실을 알게 되었다.

오프라인 강의를 할 곳은 정말 많다. 그렇지 않은가? 그동안 강의할 생각을 안했을 뿐이다. 반대로 학생 입장에서 생각해보자. 내가 가르치는 것을 어디서 어떻게 검색하는가? 공공기관에서 무료 강의를 찾아보는가? 매거진 뒤의 각종 특강 정보를 찾아보는가? 신문에서 찾아보는가? 강의를 진행하는 곳을 최대한 다양한 미디어에서 찾아보자. 그런 다음 그곳에 연락해보자. 전화나 이메일로 연락하면 된다. 당장 강의할 사람이 있어도 강사를 더 모집하는 경우가 있다.

첫 세미나는 100명의 학생을 대상으로 진행했다.

필자는 네이버 카페에서 세미나를 주최한 적이 있다. 100명의 학생을 모집해 네 명의 연사를 모집해 강의하는 방식이었다. 학생 1인당 2만 원의 참가비를 받았지만 연사 강의비와 공간 대여료를 내고 나면 남는 게 없었다. 그때 세미나 후원사를 모집했다. 건축학과 학생이 100명이나 모이니 홍보가 필요한 업체들이 분명히 있을 거라고 생각했다. 후원사를 총 네 군데 모집해 학생들에게 풍성한 선물을 나눠줄 수 있었다. 후원사 네 군데를 모집하기 위해 400통의 이메일을 발송해야 했다. 원하는 것을 얻으려면 집요해야 한다. 오프라인 강의할 곳을 찾고 싶다면 최소한 100군데 연락해야 한다. 연락하다 보면 자신을 어떻게 소개하고 무슨 자료를 이메일로 보내야 할지 감이 온다. 몇 군데 연락해도 반응이 없다고 풀 죽지 말고 될 때까지 부지런히 움직이자.

오프라인 강의의 장점

1. 누구나 할 수 있다

독서와 강의는 누구나 할 수 있다. 이 두 가지로 성장할 평등한 기회를 누구나 갖는다. 다만 하지 않는 사람이 더 많을 뿐이다. 독서의 중요성은 말 안 해도 다 안다. 강의를 통해 관심있는 분야의 전문가가 된다. 강의도 독서만큼 개인 성장에 필요하다. 누구나 훌륭한 강사가 될 수 있다. 이 말에 공감하지 않는다면 자신에 대한 공부가 부족하거나 강의를 통해 성장하는 경험을 아직 못 해본 경우다. 100% 똑같은 사람은 없다. 일란성 쌍둥이도 다른데 어떻게 같은 사람이 있겠는가. 남보다 조금이라도 잘하는 일을 찾아 강의로 만들자. 처음부터 너무 큰 목표를 잡지 말고 적절한 범위를 찾아야 한다.

한국 최고의 면도기를 만들기 위해서는 그보다 작은 시장을 장악해야 한다. 최고의 한국 남성용 면도기는 어떨까? 앞선 목표의 절반 크기다. 한국 20대 남성용 최고의 면도기는? 한국이라는 범위가 너무 크다면 범위를 줄여보자. 서울에 사는 20대 남성용 최고의 면도기는? 마포구에 사는 20대 남성용 최고의 면도기는? 이 정도 목표라면 달성 가능해 보인다. 충분히 영향력을 미치고 1위를 할 수 있는 분야를 찾았다면 그에 맞는 전략을 세워야 한다. 마포구 커뮤니티를 찾아 20대 남성 대상으로 설문조사를 할 수 있다. 급하게 체험용 면도기를 선물할 수도 있다. 마포구청과 협력해 올바른 면도법 세미나를 진행할 수도 있다. 마포구 20대 남성용 최고의 면도기라면 한국 최고의 면도기로 성장할 충분한 동력을 마련할 수 있다. 자신이 1위를 차지할 범위로 타깃시장을 찾아보자.

2. 컨설팅이나 외주로 이어질 수 있다

강의 자료를 만들다보면 자연스럽게 더 많이 공부하게 된다. 강의 중간에 어떤 돌발질문이 나와도 당황하면 안 된다. 강사도 인간이므로 모든 걸 알 수는 없지만 강사라는 타이틀로 강의한다면 최대한 철저히 준비해야 한다. 강의 경력이 쌓일수록 똑같은 강의 내용도 탄탄해지는 건 다양한 상황의 대처법이 강의 자료에 녹아 있기 때문이다. 강의를 듣는 학생만 성장하는 건 아니다. 강의를 듣는 학생이 100% 성장할 때 강의하는 사람은 200% 성장한다. 1대1 과외가 아닌 이상 한 번의 강의로 여러 학생에게 강의가 제공된다. 학생이 200명이라고 가정하자. 강의 한 번으로 강사가 200% 성장할 때 학생은 총 2,000% 성장할 것이다. 수익률이 무척 높다. 강의로 만나는 학생은 죽을 때까지 학생이 아니다. 또 다른 데서 강의하는 강사나 기업 대표로 성장할 수 있다. 농사짓는 마음으로 강의하다 보면 컨설팅이나 외주로 이어지기 쉽다. 강의하는 강사도 언젠가는 강의나 학습으로 배운 학생이었음을 잊으면 안 된다.

3. 다른 부업의 기초가 된다

강의는 그 자체로 콘텐츠다. 뭔가 강의할 내용이 있으면 이를 이용해 또 다른 부업을 창출할 수 있다. 종이책, 전자책, 온라인 강의 자료로 활용할 수 있다. 강의 내용을 A4 용지 약 90페이지의 텍스트로 만들어 이미지를 추가하면 종이책이 된다. 워터마크를 적용하고 PDF로 만들면 전자책이 된다. 녹화장비로 촬영하면 온라인 강의가 된다. 뭔가 강의할 내용을 활용하는 것은 '식은 죽 먹기'다.

오프라인 강의의 단점

1. 꾸준한 자기계발이 필수

이 점도 필자에게는 단점보다 장점에 가깝지만 최소한의 노력으로 적절한 이익을 기대하는 부업 입장에서 보면 지속적인 자기계발을 위해 소비하는 노력과 시간을 단점으로 볼 수도 있다. 세상은 하루가 다르게 변한다. 어제 통했던 전략이 오늘은 통하지 않는다. 내일은 전혀 다른 전략이 필요하다. 어떤 강의든 새로운 내용을 더하고 불필요한 내용을 정리하지 않으면 도태될 수밖에 없다. 세상을 구성하는 만물의 이치다. 한 가지 전략이 시대를 초월해 모든 상황에 적용 가능한 해결책이라면 전 세계에는 100여 권의 책만 존재할 것이다. 불필요한 것을 가려내 버리는 것을 도태라고 부른다. 도태는 돌이 섞인 쌀에서 쌀만 고르는 데서 유래했다. 환경이나 조건에 적응하지 못한 생물군이 사라지듯 강의 내용도 도태될 수 있다. 학생에게 필요한 훌륭한 강의를 위해 강사는 꾸준히 자기계발을 해야 한다. 내용적인 측면뿐만 아니라 강의 현장에서 전달되는 강의 외 내용도 공부가 필요하다. 학생이 어떤 집단인가에 따라 강의 형태, 말투, 스크립트를 별도로 준비해야 한다. 똑같은 내용과 똑같은 형태의 강의를 천편일률적으로 제공해도 된다면 강사의 말을 그대로 따라하는 앵무새나 로봇에게 강의를 맡겨도 될 것이다.

2. 강의 후 애프터서비스

이것도 필자는 장점이라고 생각한다. 오프라인 강의에서 만난 학생과의 인연은 강의가 끝난 후부터 시작된다. 30명의 학생이 있다면 최소한 한두 명은 연락이 된다. 강의 막바지에 연락처와 이메일, 카톡 아이디를 알려주더라도 연락하는 사람은 꼭 한두 명이다. 강의를 잘 들었다고 연락이 오거나 추가 질문을 하거나 상담하러 연락하는 경우다. 오프라인 강의로 모든 궁금증이 해결되는 경우는 드물다. 학생들의 추가 학습이 병행되어야 개념을 제대로 이해할 수 있다. 강의 후 따로 공부를 병행하는 학생은 전체 수강생의 약 30%이고 그중 10%가 강사에게 연락한다. 전체 수강생 중 3%가 연락하는 셈이다. 약 7년 동안 오프라인 강의를 하며 느낀 수치다. 이때 연락오는 학생은 수업 때 배운 내용이 필요한 경우다. 이때 애프터서비스를 확실히 해야 한다. 30명의 수강생 중 한 명이라도 진짜 팬으로 만들어야 한다. 물론 애프터서비스에서 만나는 질문이 날카로운 경우가 많다. 강사도 이를 통해 한 단계 성장하는 기회가 된다. 이렇게 30명의 학생 중 한 명씩 진짜 팬으로 만들다보면 어느새 자신을 둘러싼 나름의 팬층이 만들어진다. 강의나 사업을 알리는 데 천 명의 영업사원보다 한 명의 진짜 팬이 더 도움이 된다.

05

온라인 강의

필자는 2007년까지 입시를 준비한 08학번이다. 입시에 이렇게 관심이 큰 세대가 또 있었을까? 당시는 온라인 강의가 유행이었다. 2008년 83.8%를 기록한 대학진학률 기록은 아직까지도 깨지지 않고 있다. 학령인구 감소가 가장 큰 원인이다. 어쨌든 필자는 오프라인 학원보다 온

건축전문 온라인 교육플랫폼 페이서(pacer.kr)

라인 강의로 수업을 들었다. 당시는 입시계의 스타강사가 배출되던 시기였다. PMP(Portable Multimedia Player)를 이용해 어디서든 편리하게 강의를 시청해 좋았다. 놀랍게도 지금은 누구든지 특정 분야의 스타 강사가 될 수 있다.

이미 다양한 온라인 교육 플랫폼이 있다. 건축, 인테리어 분야에는 페이서(pacer.kr), 코딩 분야에는 코드잇(codeit.kr), 취미 분야에는 클래스 101(class101.net)이 있다. 교육 플랫폼도 분야별로 이미 세분화되었다. 그중 페이서를 처음 들어봤는가? 건축, 인테리어 업계 종사자가 아니라면 모를 수 있다. 건축, 인테리어 전공자 중 페이서를 모르는 사람은 찾기 어려울 정도다. 남보다 잘하는, 강의하려는 분야의 강의 플랫폼을 찾아보라. 적합한 플랫폼을 찾았다면 컨택해 강사가 될 준비를 하자.

여러분과 함께 달릴 페이스메이커.

안녕하세요, 현재 DIGIT 대표로 활동하고 있는 한기준입니다.
기존의 Rhino 6 강의를 넘어 새로운 Rhino 7 을 위해
새로운 강의를 제작했습니다. 7로 바뀌면서 새롭게 생긴 기능들을
알기 쉽게 알려드릴게요. Rhino 경험이 없더라도 괜찮아요.
충분히 알아듣고 완성할 수 있을겁니다.

現 건축IT기업 디지트 대표
現 건설기술교육원 BIM 전문언어양성과정 강사
現 건축커뮤니티 디지트 네이버 카페 운영
現 건축콘텐츠연구소 디지트 유튜브 운영
2021 라이노 7.0 시크릿노트 저술
2019 그래스호퍼 시크릿노트 공동저술
2018 라이노 6.0 시크릿노트 저술
2016 - 2017 캐드앤그래픽스 파라메트릭 디자인 부분 연재저가
2016 SCI 논문 2편 공동저술 (Energies, Sustainability)
2015 건축을 위한 디자이너를 위한 파라메트릭 디자인 입문서, Grasshopper 저술
2014 대한건축학회 디지털건축대전 국토교통부장관상 수상.

교육 플랫폼에서 강사와 강의 소개 페이지를 잘 만들어준다.

필자는 유튜브와 네이버 카페를 통해 많은 사람과 인연을 만든 덕분에 온라인 강의를 출시하자마자 많은 사람이 구매했다. 물론 학기 중과 방학 중에 따라 다르지만 300~600만 원의 수입이 발생한다.

물론 교육 플랫폼을 직접 구축해 강의를 판매할 수도 있지만 플랫폼을 직접 구축하기보다 기존 강의 플랫폼 강사로 참여하는 게 낫다. 기존 플랫폼 강사로 등록하는 것의 세 가지 장점이 있다.

첫째, 교육 플랫폼은 생각보다 유지비가 많이 든다. 기본적으로 고용량의 동영상 재생과 보안유지에 월 약 100만 원의 서버비가 필요하다. 발생하는 서버 트래픽 양에 따라 월 200만 원 이상 필요할 수도 있다. 물론 강의가 많이 팔려 서버비가 높다면 웃으며 서버비를 결제하겠지만 강의가 많이 팔리지 않았는데도 기본 서버비 100만 원을 지불하려면 속쓰릴 것이다.

둘째, 운영관리에 많은 노력이 필요하다. 회원정보가 유출된다면? 플랫폼에 바이러스가 침투해 회원정보가 유출된다면? 모종의 이유로 사이트 접속이 안 된다면? 고객센터로 등록한 전화번호와 상담용 카카오톡으로 엄청난 항의 연락이 올 것이다. 갑자기 이 같은 불의의 사태가 벌어지면 본업도 영향을 받는다.

마지막으로 자신이 직접 교육 플랫폼을 만든다면 마케팅에 많은 비용을 지불해야 한다. 자신이 SNS 채널이나 커뮤니티에 많은 팬을 확보했다면 마케팅하기 쉽겠지만 그렇지 않다면 자신의 교육 플랫폼을 알리는 데 많은 노력과 시간이 필요하다. 이 세 가지가 기존 교육 플랫폼 강사로 참여하는 게 교육 플랫폼을 직접 구축하는 것보다 좋은 이유다.

온라인 강의 시작 2단계

1. 온라인 교육 플랫폼 접촉

강의 방향을 정하고 타깃을 설정한 후 강의 자료를 만드는 과정은 오프라인 강의와 비슷하다. 이후 과정만 말하려고 한다. 분야별로 다양한 온라인 교육 플랫폼이 존재한다. 취미부터 전문지식까지 오프라인 학원 종류가 많듯이 온라인 교육 플랫폼도 많다. 플랫폼마다 강사 지원을 할 수 있도록 이메일 주소나 연락처가 적혀 있다. 오프라인 교육기관에 연락하듯 똑같이 연락하면 된다.

온라인 강의가 오프라인 강의와 다른 점은 강의 자료가 더 친절해야 한다는 것이다.

오프라인 강의에서는 학생들이 강사 얼굴을 보며 현장감을 느낄 수 있지만 온라인 강의는 학생들이 컴퓨터 화면만 바라보기 때문이다. 자칫

벽을 보며 강의받는 느낌 때문에 강의 자료 콘텐츠가 더 풍부해야 한다.

2. 녹화 및 업로드

온라인 강의는 보통 플랫폼으로 강의를 업로드하다 보니 특별한 준비물은 필요 없다. 대부분의 온라인 강의 플랫폼에서는 강사용 녹화장비나 마이크 등을 지원한다. 그래도 혹시 모르니 노트북과 태블릿 PC를 초기 비용으로 설정했다. 필자는 강의할 내용을 2년 동안 학습했고 3년 차부터 바로 강의 전선에 뛰어들었다. 초기 투자금과 학습에 들어간 노력은 오프라인 강의 때와 같다. 오프라인 강의와 온라인 강의는 형태만 다를 뿐 콘텐츠는 같기 때문이다. 오프라인 강의를 해본 경험이 있다면 이를 온라인화하기는 무척 쉽다. 그래도 막막하다면 온라인 강의 플랫폼에 문의해 도움을 요청하자. 강의 플랫폼 입장에서는 강사 한 분 한 분이 너무나 소중하므로 성심성의껏 답변해줄 것이다.

자판기

길찾기

Algorithm

Algorithm

알고리즘은 복제가 가능하다.

#생산 : 획기적인 생산효율 증가

서비스 : 수많은 고객 유치, 동일한 퀄리티의 서비스

강의 자료는 최대한 꼼꼼히 만들어야 한다. 추후 종이책이나 전자책의 자료로 활용할 수 있기 때문이다.

강의 자료는 PPT나 PDF로 만들면 되는데 학생들이 종이에 출력해 교재처럼 들고 다닐 것을 생각해 A4 사이즈(297mm × 210mm)로 만들면 좋다. 강의 자료를 만드는 데 꼬박 2개월 이상이 걸릴 수도 있지만 추후 종이책을 만들 때 해당 강의 자료를 어느 정도 재사용할 수 있으니 인내심을 갖고 천천히 만들자.

오프라인 강의 경력이 많더라도 온라인 강의용 촬영을 하면 굉장히 어색하다. 필자는 이전부터 유튜브를 해와 내 목소리를 듣는 데 거부감이 없지만 대부분 자신이 녹음한 음성을 듣는 것은 곤욕이다. 평소 생각한 목소리가 아니라 더 얇은 목소리로 들리기 때문이다. 녹화 중간에 말 실수라도 하면 그동안 녹화한 내용을 모두 삭제하고 다시 촬영하는 경우도 많다. 실제로는 총 5시간 분량인데 녹화를 꼬박 2주 동안 하는 경우도 있다. 처음 녹화한다고 가정하고 넉넉히 2개월을 녹화시간으로 잡았다.

온라인 강의 매출 및 지출

초기 투자			
비용		노력	
상세 내역	비용	상세 내역	기간
노트북	180만 원	학습	2년
태블릿 PC	100만 원	강의 자료 제작	2개월
		강의 촬영	2개월
초기 투자금	280만 원	초기 투자 노력	2년 1개월

	매월	매년
매출	400만 원	4,800만 원
고정지출	0원	0원
유동지출	0원	0원
순수익	400만 원	4,800만 원
매출 대비 수익률		100%
투자금 대비 연수익률		1,714.3%
투자금 복구 기간		21일

　　온라인 강의 매출은 기대 이상이다. 필자의 부업 중 가장 안정적이고 높은 수익이 발생한다. 물론 어느 정도 마케팅이 뒷받침되어야 한다. 강의 플랫폼이 특정 분야에서 이미 유명한 곳이라면 강사 자신이 마케팅에 열을 올리지 않아도 플랫폼 입장에서 마케팅을 많이 도와준다. 필자의 온라인 강의 월수익은 평균 400만 원을 훨씬 웃돌지만 너무 높은 수익이 발생한 4개월은 제외하고 평균을 냈다. 참고로 최고 월수익은 1,100만 원이 넘었다.

온라인 강의는 투자금 복구 기간 산정이 의미가 없다. 투자된 비용이 워낙 적고 첫 달부터 수익이 높기 때문이다. 유튜브나 인스타그램과 같이 온라인 강의 자체가 자신을 알리는 부업이다.

온라인 강의의 장점

1. 콘텐츠가 복제된다

			장종구	[받은메일함] [페이서] 05월 정산내역 송부
			장종구	[받은메일함] [페이서] 04월 정산내역 송부
			장종구	[받은메일함] [페이서] 03월 정산내역 송부
			장종구	[받은메일함] [페이서] 02월 정산내역 송부
			장종구	[받은메일함] [페이서] 01월 정산내역 송부
			장종구	[받은메일함] [페이서] 12월 정산내역 송부
			장종구	[받은메일함] [페이서] 11월 정산내역 송부
			장종구	[받은메일함] [페이서] 10월 정산내역 송부
			장종구	[받은메일함] [페이서] 09월 정산내역 송부
			장종구	[받은메일함] [페이서] 08월 정산내역 송부

온라인 강의를 업로드했다면 매달 들어오는 정산 내역만 확인하면 된다.

그동안 콘텐츠 복제의 대표 주자는 종이책이었다. 책 판매량에 따라 높은 인세를 받을 수 있다고 한다. 메가스터디 이후 콘텐츠 복제의 대표는 종이책에 이어 온라인 강의가 되었다. '강의'라는 특성상 종이책보다 높은 수익이 발생한다. 복제 가능한 콘텐츠는 한 번 콘텐츠를 제작해 여러 명에게 판매할 수 있다. 강의 내용상 굳이 업데이트할 내용이 없다면 오랫동안 같은 강의를 판매할 수 있다.

오프라인 강의라면 아무래도 강사의 컨디션에 따라 같은 강의 내용도 학생들이 다르게 받아들일 수 있고 수강생 중 일부가 강의 내용을 못 따라오면 안 되므로 최대한 천천히 강의를 진행할 수밖에 없다. 오프라인 강의에는 배속 기능이나 일시 정지 기능이 없는 반면, 온라인 강의는 강사가 필요한 정보를 명확히 녹화해두면 학생들이 자신의 역량에 맞

필자가 촬영한 세 개의 온라인 강의 시간은 10시간 이내다.

게 배속이나 일시 정지 기능을 활용할 수 있다.

약 1시간의 오프라인 강의 내용은 온라인 강의로 녹화해보면 10분 내외로 만들어진다. 필자의 40시간 오프라인 강의 내용이 약 7시간 온라인 강의로 만들어진다. 온라인 강의는 강의 길이가 짧지만 그만큼 짜임새있게 만들어진다.

2. 초기 구축비용이 들지 않는다

분야별로 다양한 강의 플랫폼이 있다. 누구나 훌륭한 강의를 만들 수 있고 어떤 강의든 판매할 수 있는 적절한 플랫폼이 있다. 자신의 강의에 맞는 적절한 플랫폼을 찾아야 한다. 어떤 강의 플랫폼이든 자신이 강의를 올리는 순간 플랫폼 입장에서는 소중한 콘텐츠를 제공하는 갑이 된다. 갑자기 먼저 연락하더라도 강의 플랫폼 입장에서는 불쾌해할 이유가 없다. 너무 겁먹지 말고 연락하자. 강의를 미리 모두 촬영한 다음에 연락할 필요는 없다. 아이디어가 있고 강의를 촬영할 의지만 있다면 강의 플랫폼에서 모든 제반 사항을 마련해준다. 어떤 장비로 촬영할지, 어떤 소프트웨어를 이용해 녹화, 녹음을 할지, 기본 세팅을 어떻게 할지 등. 화면이 어떻게 녹화되는지, 그 전에 녹화해야 하는지 촬영해야 하는지 잘 몰라도 강의 플랫폼 입장에서 담당자가 친절히 상담해준다. 물론 강의 촬영을 위해 강의 자료를 만들고 녹화할 때는 힘들 수 있다. 일주일 동안 열심히 녹화해 강의 한 세트를 구축했을 때 이 강의를 1년 동안 팔 수 있다고 생각하고 최선을 다하자.

온라인 강의의 단점

1. 홍보에 많은 시간과 노력이 든다

지금 거주하는 곳 주변의 자주 가는 카페 세 곳을 생각해보라. 인테리어가 예쁘거나 햇빛이 잘 들거나 나름 이유로 자주 갈 것이다. 세 곳 모두, 아니면 적어도 두 곳은 1층일 것이다. 그렇다면 거기에 이어지는 질문을 하나 더 하겠다. 그 카페 바로 윗층은 무슨 점포인가? 사람들은 고개를 들어 2층을 생각보다 많이 안 본다. 아무리 멋진 간판을 달고 아무리 홍보하더라도 1층에 비해 2층 점포에는 손님이 적으므로 같은 주소지, 같은 면적이더라도 1층 점포의 월세는 2층 점포의 두 배 이상인 경우가 많다.

강의 자료는 최대한 꼼꼼히 만들어야 한다. 추후 종이책이나 전자책의 자료로 활용할 수 있기 때문이다.

온라인 사업은 월세가 안 든다. 사람들은 보통 오프라인 사업의 월세가 온라인 사업의 서버비와 같다고 생각한다. 월세와 서버비가 비슷하게 나가는 경우가 많아 그렇게 생각하지만 아니다. 오프라인 사업의 월세는 온라인 사업의 마케팅비다.

웹사이트를 만들어 물건을 판매한다고 가정하자. 웹사이트를 구축만 하면 수천 명이 벌떼처럼 몰려와 물건을 살 것만 같다. 웹사이트 주소를 입력만 하면 바로 접속되니 누구나 구매할 것만 같다. 정확히 말해 누구나 '구매할 수' 있는 것이지 누구나 '구매하는' 것은 아니다. 결국 오프라인 매장 인테리어를 멋지게 꾸미듯 온라인 사업은 마케팅비를 써야 한다. 자신이 해당 분야의 전문가이거나 잔뼈가 굵다면 마케팅비를 어느 정도 아낄 수 있다. 그동안 쌓아둔 인맥과 경험이 도움이 되기 때문이다. 그렇지 않다면 마케팅비를 많이 써야 한다. 다행히 이미 유명한 교육 플랫폼 강사로 참여한다면 해당 플랫폼에서 강의 홍보를 해준다. 그 덕분에 자신이 키우려던 SNS 채널 구독자 수도 덩달아 늘 수 있다.

2. 강의가 일방향적이다

오프라인 강의는 생생하다. 이를 '현장감 있다'라고 표현한다. 현장감은 강사의 전달력과 표현력이 포함된 단어다. 온라인 강의는 오프라인 강의에 비해 현장감이 떨어질 수밖에 없다. 단순히 2D 화면과 음성으로 구성되기 때문이다. 이 같은 일방향 강의는 학생의 반응을 살펴가며 강의하는 것이 불가능해 오프라인 강의에서 겪지 않는 문제를 겪기도 한다. 오프라인 강의를 하다 보면 학생들이 어떤 내용을 궁금해하는지, 어느 부분에서 부가 설명이 필요한지 등을 알아챌 수 있다. 준비한 강의를 학생에게 제공하면서도 학생의 요구에 맞게 부가 설명을 할 수도 있다. 그러면서 강의 구성도 탄탄해진다. 오프라인 강의 경험이 적은 강사가 온라인 강의를 바로 촬영하기 시작하면 이 같은 점 때문에 질문 게시판에 불이 날 것이다. 분명히 학생들이 궁금해할 내용인데 자세한 설명 없이 지나칠 수 있기 때문이다.

06

종이책

세상 대부호 중 독서광이 아닌 사람을 찾아보기 힘들다. 마이크로소프트 창업자 빌 게이츠도 독서광으로 유명하다. 그는 독서하기 위해 휴가를 갈 정도로 책읽기를 좋아한다. 게이츠 노트(gatesnotes.com)를 통

국민 MC 유재석도 독서광으로 유명하다.

해 책 리뷰를 남기기도 한다. 사업하기도 바쁠 텐데 1년에 50권가량 읽는다니 정말 대단하다는 생각밖에 안 든다. 일주일에 한 권을 읽는 셈이다. 그는 자신을 키운 건 동네 도서관이라고 말할 만큼 독서에 진심이다. 이 책을 읽는 분 중에 빌 게이츠보다 바쁜 사람이 있을까? 독서가 성공을 보장하지는 않지만 성공한 사람은 모두 독서를 즐긴다.

책을 쓴 저자는 모두 각 방면에서 대단한 사람들이다. 저자가 누구든 저자는 독자에게 전달하고 싶은 콘텐츠를 글과 약간의 그림으로 바꿔 책으로 출간한다. 저자의 노하우와 팁을 약 2만 원을 내고 접하는 건 큰 행운이다. 카페 두 번, 술집 한 번 갈 돈으로 책 한 권을 살 수 있다.

〈2021 한국출판연감〉에 따르면 2020년 한 해 신간은 총 65,792종이 발간되었고 총 8,165만 2,188부가 발행되었다. 그중 6,600종의 만화책을 제외하면 59,192종이다. 단순 계산으로 하루에 약 162종의 신간이 발행된 것이다. 그렇다면 한국 국민의 독서량은 어떨까? 문화체육관광부가 발표한 〈2021년 국민 독서 실태〉 조사에 따르면 2020년 9월부터 2021년 8월까지 1년 동안 만 19세 이상 성인 연령층에서 한 권 이상 읽은 사람(독서율)은 47.5%, 독서량은 4.5권이라고 한다. 국민 과반이 1년에 한 권도 안 읽는다는 뜻이다. 성공의 지름길이 버젓이 있는데도 과반이 무시한다니 놀랍다.

'18 매출순위	'17 매출순위	기업명	2018년					2017년		
			매출액	매출액증감률	영업이익	영업이익증감률	영업이익률	매출액	영업이익	영업이익률
1	2	위즈덤하우스미디어그룹	33,892	22.3	-1,991	적자증가	-5.9	27,720	-1,914	-6.9
2	3	시공사	26,219	-4.5	916	-54.1	3.5	27,457	1,996	7.3
3	1	문학동네	25,369	-17.1	2,183	-53	8.6	30,598	4,647	15.2
4	6	북이십일	24,951	34.9	2,695	228.7	10.8	18,502	820	4.4
5	5	김영사	21,564	15.6	1,033	-18.4	4.8	18,657	1,266	6.8
6	4	창비	21,302	-2.1	513	-64.5	2.4	21,749	1,446	6.6
7	9	웅진씽크빅(단행본)	19,256	21.1	2,772	319.4	14.4	15,902	661	4.2
8	7	도서출판길벗	19,186	16.4	2,130	19.9	11.1	16,478	1,776	10.8
9	8	민음사	16,206	0.5	3,826	-21.9	23.6	16,123	4,898	30.4
10	12	알에이치코리아	14,781	19.7	1,904	87.8	12.9	12,351	1,014	8.2
11	10	다산북스	14,253	2.4	1,330	-41.1	9.3	13,913	2,258	16.2
12	11	학지사	13,274	2.2	1,397	5	10.5	12,986	1,331	10.2
13	18	마더텅	13,008	43.4	1,259	115.2	9.7	9,072	585	6.4
14	13	아가페출판사	11,480	-1.9	831	-0.4	7.2	11,702	834	7.1
15	15	비룡소	10,517	9.8	1,315	126.7	12.5	9,575	580	6.1
16	17	한빛미디어*	9,987	7.4	409	-19.2	4.1	9,303	506	5.4
17	14	넥서스	9,482	-8.7	-555	적자증가	-5.9	10,383	-9	-0.1
18	16	박영사	9,191	-2.2	349	흑자전환	3.8	9,396	-904	-9.6
19	19	쌤앤파커스	9,172	23.6	1,008	184.7	11	7,418	354	4.8
20	20	영진닷컴	6,703	17.8	1,036	82.7	15.5	5,690	567	10
21	23	가나문화콘텐츠	5,598	78.2	682	394.2	12.2	3,142	138	4.4
22	22	계림북스	4,078	-13.7	515	-45.7	12.6	4,726	948	20.1
23	24	을유문화사	3,499	23.3	-591	적자증가	-16.9	2,838	-44	-1.6
24	21	자음과모음*	3,307	-35.8	-251	적자전환	-7.6	5,153	886	17.2
25	25	개암나무	1,115	6.1	197	-40.5	17.7	1,051	331	31.5
		단행본 부문(2년 비교, 25사)	347,390	7.9	24,912	-0.2	7.2	321,885	24,971	7.8

*단위 : 백만 원, %　　　　　　　　　　　　　　　　　　*출처 : 금융감독원 전자공시시스템, 각 회사의 감사보고서

국내에는 정말 많은 출판사가 있다. 자신의 책에 적합한 출판사를 선택해 투고하자.

　　과연 내가 출간할 수 있을까? 글을 쓰고 싶다면 누구나 책을 출간해 작가가 될 수 있다. 올해 34살인 필자도 공동저술한 책까지 포함해 지금까지 다섯 권을 집필했다. 그중 네 권이 소프트웨어 교재다. 강의하던 필자에게 출판사가 먼저 제안한 경우다. 일반적으로 출판사에 원고를 투고하면서 출간 과정이 시작된다.

종이책 시작 5단계

1. 집필 방향 설정

누구나 강사가 될 수 있듯이 누구나 저자가 될 수 있다. 강의나 저술은 한 번의 노력으로 다수가 혜택을 받는 방법이다. 다른 부업에 비해 종이책은 인세 수익이 높지 않지만 좋은 일을 하면서 꾸준히 수입이 발생하는 것은 매우 의미있다. 소설, 시, 경제, 경영 도서와 같이 감각이나 전문지식이 필요한 경우, 종이책 집필은 어렵다. 자신이 종이책으로 집필할 만한 지식이 있다면 도전해보자. 참고로 종이책 집필은 이 책에서 소개하는 여덟 가지 부업 중 난이도가 가장 높다.

A4 세로형 문서 기준, 약 100페이지에 달하는 분량을 작성해야 한 권의 책이 완성된다. 100페이지를 채우려면 글을 아무리 잘 쓰고 자료가 많아도 집필에 오랜 시간이 걸린다. 100페이지 원고를 만들었으면 바로 책이 되는가? 아니다. 출판사에서 원고 내용을 검토하고 반려할 수도 있다. 누구나 저자가 될 수는 있지만 아무나 저자가 되는 건 아니다. 원고 집필보다 출간기획서부터 작성하자. 두세 페이지의 출간기획서를 작성하면서 원고의 대략적인 방향을 설정하고 출간하면 의미가 있을지 자가진단이 가능하다.

2. 출간기획서 작성

원고 준비 전에 출간기획서부터 작성해야 한다. 출간기획서는 따로 정해진 양식이 없다. 보통 다음과 같은 내용이 포함되면 좋다. 제목, 분야, 주제 및 기획 의도, 예상독자, 핵심 컨셉, 경쟁서적, 차별화 요소, 홍보에 사용할 핵심문구, 홍보계획. 근거와 함께 예상 판매부수와 예상 정가를 적어도 좋다. 덧붙여 경력 등 참고할 만한 요소를 추가 작성해 자기소개까지 포함한다면 더 좋다. 원고 집필 전에 출간기획서를 작성하면 머릿속에서 한 번 정리할 기회가 된다. 이렇게 짜임새있게 준비해 출간기획서와 원고가 준비되었다면 출판사를 물색할 차례다. 무조건 매출액이 많은 출판사가 정답은 아니다. 시기별, 분야별로 큰 축을 담당하는 출판사가 있다. 자기계발서를 준비 중이라면 현재 자기계발서 중 베스트셀러를 많이 배출하고 SNS 마케팅을 잘하는 출판사를 면밀히 물색해야 한다. 보기만 해도 군침도는 출판사는 금방 찾을 수 있다. 그렇게 출판사 한 곳을 정했다면 출간기획서와 원고를 투고하고 여유를 갖고 결과를 기다리자.

출판 기획서

[1] 저자소개

내용	내용	비고
이름	한기준	1989년 12월 12일 출생
연락처	010-9497-3290	
이메일	dbxkrvk2@naver.com	
경력	2014. 12 ~ 건축 IT기업 디지트 대표 2016. 02 ~ 건설기술교육원 외래강사 2021. 07 ~ 온라인 교육플랫폼 페이서 마케터	건설기술 교육원 강의는 "창업특강"으로 1년 총 수강생 240명 / 총 강의시간 384시간
학력	홍익대학교 건축대학 건축학과 졸업(학사 졸업, 5년제)	08학번
주요활동	2012. 09 ~ 건축콘텐츠연구소 유튜브 디지트 운영 2013. 03 ~ 건축 커뮤니티 네이버카페 디지트 운영	

[2] 도서 제목(가제)
#부업의 시대 : 하루 한 시간 노동으로 월 천만원 소득을 달성한 한대표 이야기
#부업 전문가 : 몇 가지 부업만으로 원하는 소득을 달성할 수 있을까? 바로 시작할 수 있는 여덟가지 부업
#부업 시크릿 노트 : 여덟 가지 부업으로 월 천만원 소득이 가능하다!

[3] 출판 분야
#경제/경영
#자기계발

[4] 타겟 독자
- 21세 ~ 24세 남녀 대학생 : 신입생 및 졸업준비생을 제외한, 노트북 하나만으로 시작하는 부업을 찾는 대학생.
- 30세 ~ 39세 경력단절 여성 : 본인 전문지식이 있지만, 출산과 육아로 재취업이 힘들어 부업을 찾는 경단녀.
- 28세 ~ 39세 야근 적은 직장인 : 워라밸이 지켜지지만, 또 다른 수익 파이프라인을 찾는 직장인 남녀.
- 45세 ~ 60세 장년층 : 은퇴를 준비하며, 적은 시간의 노동으로 적지 않은 수익이 되는 부업을 찾는 분들.

[5] 출간 이력
#2015 파라메트릭 디자인 입문서 그래스호퍼
#2018 라이노 6.0 시크릿노트
#2019 그래스호퍼 시크릿노트(공동저술)
#2021 라이노 7.0 시크릿노트

[6] 보유 채널

채널	채널명	구독자/회원 수	링크
유튜브	디지트 TV : 건축콘텐츠연구소	30,300명	https://www.youtube.com/c/%EB%94%94%EC%A7%80%ED%8A%B8TV
네이버카페	건축콘텐츠연구소 디지트	21,230명	https://cafe.naver.com/digitarchi
인스타그램	디지트 TV : 건축콘텐츠연구소	10,900명	https://www.instagram.com/digit.tv/
카톡채널	디지트	7,200명	http://pf.kakao.com/_XqxmRu
카톡 오픈채팅	건축학도 고민상담소	400명	https://open.kakao.com/o/gUQIzSWb
카톡 오픈채팅	무인카페 사장님 모임[무사모]	135명	https://open.kakao.com/o/giz1Yxge

[출간기획서] 첫 페이지에는 저자 소개와 제목, 분야 및 타깃 독자를 적고 홍보에 도움이 될 만한 보유 채널도 적었다.

[7] 집필의도 및 시장환경
공무원의 인기는 사그라지다 못해 쪼그라들었다. 특히 7급 공무원은 2013년도에 113.4대 1을 기록한 이후 올해 47.7대 1로 떨어졌다. '갈수록 낮아진다' 라는 표현보다는 '추락한다' 라고 표현하는 게 맞겠다. 떨어지는 공무원의 인기는, 공무원의 임금상승률이 시장 물가상승률을 따라가지 못한 탓이 크다. 아무리 워라밸이 건강한 삶을 살아가는 데 중요하다고 하더라도, 급여가 적다면 회사를 다니면서도 불만일 수밖에 없다.
이 책에는 당장 시작할 수 있는 여덟 가지 부업을 소개했다. 한 달에 200만원 이상은 충분히 벌 수 있는 부업들이다. 본업의 급여가 높지 않더라도, 부업을 통해 그 부족한 부분을 충분히 메꿀 수 있다.

[8] 도서 개요
2014년 12월에 IT기업을 창업한 후, 월세와 인건비를 감당하기 위해 다양한 부업을 시작했다. 지금은 안정적으로 천만원 이상의 소득이 부업만으로 발생한다. 충분히 직원 두 세 명의 월급을 주고 월세도 지불할 수 있다. 이 책에서는 필자가 경험한 다양한 부업 중, 아래 조건에 만족하는 여덟 개의 부업을 추려서 소개한다.
#1. 지금 당장 시작할 수 있어야 한다.
#2. 노력한 정도의, 또는 그 이상의 수익이 발생해야 한다.
#3. 법적으로나 사회적으로 문제가 없어야 한다.
#4. 본인이 내적으로 성장하는 데 도움이 되어야 한다.
책에서 각 부업들은 초기에 어떤 비용과 노력이 필요하고, 월 소득과 지출은 어떠한지 기술했다.

[9] 경쟁도서 분석

구분	경쟁도서	차별점
온라인 쇼핑몰 부업		단순히 온라인 쇼핑몰로 물건을 판매하는 방법을 알려주는 서적. 굉장히 낮은 확률로 큰 돈을 벌 수도 있지만, 부업을 통해 내적인 성장이 일어나기 어렵다.
전문 부업		전문지식을 활용해 부가수익을 내는 방법을 집필한 서적. 꾸준한 수익이 될 수 있으나, 시작하기까지 너무 오랜 기간 준비해야 한다.

[10] 홍보 마케팅 계획

채널	방법	계획
건설기술교육원 강의	건설기술교육원 창업강의 교재로 활용	건설기술교육원에 교재구매 제안
유튜브	브랜디드 콘텐츠 영상 및 쇼츠	Step 1. 협력 채널에 홍보 요청 Step 2. 필자 채널에 홍보영상 업로드 Step 3. 필자 채널에 쇼츠 영상 업로드
네이버 카페	카페 대문광고	Step 1. 홍보용 이벤트 기획 Step 2. 섬네일 이미지 제작 Step 3. 카페 대문광고 진행
인스타그램	카드뉴스, 릴스 및 스토리	Step 1. 카드뉴스 이미지 제작 및 업로드 Step 2. 릴스 동영상 제작 및 업로드 Step 3. 스토리에 이벤트 기획 및 업로드
카톡채널	신간 알림 단체 메시지	Step 1. 신간 알림 이벤트 기획 Step 2. 홍보 이미지 및 포스터 제작 Step 3. 단체 메시지 발송

[출간기획서] 집필 의도, 시장환경, 도서 개요, 경쟁도서 분석을 적었다. 보유 채널을 활용한 홍보 방안도 마련했다.

[11] 목차

구분	내용	상세
들어가며	-	-
부업을 해야하는 이유	#1. 통섭의 시대 #2. 우연한 기회 #3. 꾸준한 수익	-
자주묻는 질문 네 가지	#1. 사업자등록, 꼭 해야할까? #2. 다다익선이 통하지 않는 사업자금 #3. 목돈을 만드는 여러가지 방법 #4. 질문이 생기면 이렇게	-
부업 리스트	#1. 유튜브 #2. 네이버 카페 #3. 오피스 쉐어 #4. 오프라인 강의 #5. 온라인 강의 #6. 종이책 #7. 전자책 #8. 무인카페	<매출 및 지출> <장점> <단점>
부업을 위한 마인드 세팅	#1. 사람을 움직이게 하는 힘 #2. 목표를 설정하는 과학적인 방법 #3. 내가 하는 일을 사랑할 수 있는 힘 #4. 배움이 즐거울 수밖에 없는 이유 #5. 말의 힘 #6. 기차와 자동차의 근본적인 차이 #7. 모호해지는 직업의 의미 #8. 불안정해도 불안해지 않는 방법 #9. 나를 복제하는 방법 #10. 인지적 잔여물을 없애는 단 하나의 방법 #11. 무료로 서비스를 개선하는 획기적인 방법 #12. 완벽주의의 완벽한 패배 #13. 영업은 농부처럼 #14. 경쟁과 협력은 한끗차이 #15. 조합의 힘 #16. 인생은 사다리타기 #17. 새로운 아이디어가 떠오르는 순간 #18. 소비와 투자의 차이 #19. 큰 지출은 적극적으로, 작은 지출은 소극적으로 #20. 나를 바꾸는 가장 쉽고 빠른 방법	-
마치며	-	-

[출간기획서] 마지막 페이지에는 목차를 적었다.

3. 원고 집필

원고는 한글이나 워드로 집필하면 된다. 목차에 맞게 제목을 작성하고 내용은 글과 그림으로 채우면 된다. 그림마다 아래에 캡션을 달아주면 좋다. 한 번에 훌륭한 원고가 나올 수는 없다. 특히 책을 처음 집필한다면 원고를 여러 번 보면서 글을 수정해야 한다. 처음 생각했던 목차대로 집필하면 분량이 적절히 분배되지 않거나 내용 사이의 공백이 발견될 수도 있다. 원고 집필에 대해 사람들이 오해하는 것이 있다. 출판사에 처음 보여줄 원고는 책 표지부터 시작해 맺음말까지 모두 디자인해야 한다고 생각하는데 아니다. 한글이나 워드로 작성한, 별도의 디자인 없이 글과 그림으로 구성된 문서 자료면 된다. 원고를 처음 작성해 출판사에 보낼 때는 당연히 완성도 높은 원고를 보내야겠지만 그렇다고 디자인까지 하거나 너무 완벽한 문서일 필요는 없다. 첫 원고에 너무 무리하면 출판사에서 수정 요청이 들어오거나 반려했을 때 실망이 클 것이다. 어차피 첫 원고는 많은 재작업을 거쳐 완성도 높은 원고가 된다. 오탈자나 실수만 없게 원고를 작성하자.

4. 출판사 투고

〈2021 한국출판연감〉에 따르면 2020년 출판사는 70,444개다. 그중 최근 3년 동안 납본 실적이 있는 출판사는 약 10%다. 당신은 얼마나 많은 출판사를 알고 있는가? 출판사 이름을 다섯 개 이상 댄다면 책을 정말 사랑하는 사람이다. 흔히 아는 출판사는 대형 출판사다. 약 30개는 규모가 정말 크다. 이 많은 출판사 중 내 원고를 책으로 만들어줄 출판사는 얼마나 될까?

　각 출판사의 웹사이트에는 원고 투고 코너가 있다. 그곳에 자료를 보내면 자료를 검토해 보통 1개월 안에 연락이 온다. 자기소개서, 출간기획서, 원고를 준비해 투고하면 된다. 출간하고 싶어 많은 출판사에 투고하는 경우가 있다. 낚싯대를 많이 던져 한 마리라도 잡겠다는 의도다. 물론 많이 투고하면 연락이 올 수도 있지만 이보다 전략적으로 접근해야 한다. 우선 완성도 높은 출간기획서와 원고를 준비해야 한다. 보통 문서 파일에 A4용지 사이즈 기준으로 11~12pt로 한 페이지를 채우면 책으로 3~4페이지가 된다. 중간에 이미지를 넣고 간지도 배치해야 하니 정확하지는 않지만 글씨로 채워진 A4 용지 90페이지 파일은 270~300페이지 책으로 만들어진다. 원고는 그렇게 준비해야 한다. 글을 처음 쓴다면 이 정도 분량을 쓰는 데도 오래 걸릴 수 있다.

5. 출간 및 홍보

출판사에 출간기획서와 원고를 보내면 보통 약 한 달 후에 연락이 온다. 그 후 과정은 출판사 담당자가 잘 설명해준다. 처음 만들어진 원고를 초고라고 부른다. 이후 여러 번 수정하는 것을 퇴고라고 부른다. 퇴고를 '교정본다'라고도 한다. 퇴고만 수 개월이 걸리기도 한다. 마지막에는 오탈자를 한 번 더 확인하고 탈고한다. 탈고란 원고를 마쳤다는 뜻이다. 퇴고 후 실제 출간일이 결정되면 다양한 채널로 홍보를 시작하다. 물론 신간은 온오프라인 서점에서 '이달의 신간'으로 소개해주지만 실제 판매로 이어지지 않으면 금방 묻힐 수 있다. SNS 채널 홍보를 잘하는 출판사도 있지만 보통 출판사는 SNS 채널 운영관리가 취약하다.

이 책을 읽는 당신이 오히려 SNS 채널 홍보에 익숙할 수 있다. 마케팅을 출판사에게만 의지할 수는 없다. 출판사의 책이지만 저자는 당신 아닌가? 다양한 이벤트와 홍보 기획으로 적극적으로 책을 알려라.

종이책 매출 및 지출

초기 투자			
비용		노력	
상세 내역	비용	상세 내역	기간
노트북	180만 원	학습	2년
태블릿 PC	100만 원	관련 자료 수집	4개월
		원고 작성	2개월
초기 투자금	280만 원	초기 투자 노력	2년 6개월

	매월	매년
매출	20만 원	240만 원
고정지출	0원	0원
유동지출	0원	0원
순수익	20만 원	240만 원
매출 대비 수익률		100%
투자금 대비 연수익률		85.7%
투자금 복구 기간		14개월

필자는 하나의 콘텐츠를 다양한 부업으로 발전시켰다. '건축 소프트

웨어 교육'을 콘텐츠로 오프라인 강의와 온라인 강의를 시작으로 종이 책도 만들었다. 초기 투자 비용과 노력은 앞서 언급한 온오프라인 교육과 겹친다. 즉, 관련 자료를 수집해 원고를 작성하는 기간만 추가하면 된다. 수업을 듣는 학생에게는 온라인 강의를 추천한다. 그만큼 집적도가 높기 때문이다. 오프라인 강의 1시간은 온라인 강의 10분과 같고 종이책 50페이지와 같다. 필자가 수업하는 오프라인 강의 코스 중 8시간 짜리를 동영상으로 녹화하면 1시간 30분 분량이고 종이책으로 만들면 350~400페이지 분량이다. 즉, 온라인 강의 학습을 하면 빠른 시간 안에 배우게 된다. 왜 그럴까?

오프라인 강의는 했던 이야기를 또 다른 문장으로 강조해 더 말할 수도 있는데 학생의 이해도나 수업 참여도에 따라 차이가 생긴다. 특정 개념을 제대로 이해시키기 위해서다. 반면, 녹화해 만든 온라인 강의는 앞에 학생들이 없어 강사가 하고 싶은 이야기를 한 번에 한다. 물론 너무 어려운 개념은 두세 번 더 말하겠지만 오프라인 강의만큼 강조에 강조를 할 필요는 없다. 학생들이 이해가 안 된다면 일시 정지나 반복 재생해 학습한다. 종이책은 더더욱 반복할 필요가 없지만 구어체가 아닌 문어체로 구성하면 자연스럽게 분량이 많아진다. 각종 이미지나 사진을 첨부해 분량이 늘어나기도 한다.

오프라인 강의나 온라인 강의는 각종 강의 자료를 보며 강사의 이야기를 듣지만 종이책은 눈으로 직접 이미지를 봐야 한다. 자칫 설명하지 않고 넘어가는 부분이 생기면 학생들은 찜찜한 마음으로 교재를 읽어 나갈 수밖에 없으므로 종이책에 들어가는 참고 이미지를 만들 때는 학생들이 글만으로도 쉽게 이해하도록 공을 더 들여야 한다.

책이 특정 기간에만 유행하지 않는다면 인세는 꾸준히 들어온다. 한 달에 한 권도 안 팔리는 책은 드물다. 한 권만 집필하면 적은 인세에 실망할 수 있지만 여러 권 집필하면 쏠쏠한 인세 수익이 들어온다. 필자는 여러 권 집필해 6개월마다 약 100만 원의 인세가 들어와 보너스 받는 기분이다.

종이책의 장점

1. 인세 수익이 쏠쏠하다

인세는 계약에 의해 출판사가 책 판매량에 따라 일정 비율로 책을 집필한 저자에게 지급하는 돈이다. 분야마다 다르지만 보통 10% 내외다. 2만 원짜리 책 한 권이 팔리면 저자는 인세로 2천 원을 받는 식이다. 물론 책이 팔릴 때마다 통장에 입금되지는 않고 6개월이나 1년마다 인세를 정산해 받는 시스템이다. 책의 맨 앞이나 맨 뒤를 보면 'ㅇ판 ㅇ쇄 발행'이라는 글이 있다. 책을 처음 내면 '초판 1쇄' 발행이다. 1쇄는 보통 2

천 부를 발행한다. 2천 부 모두 소진되면 다시 책을 발행하며 '초판 2쇄'가 된다. 짧은 기간에 5쇄, 6쇄를 찍어낸다면 그만큼 많이 팔렸다는 뜻이다. 처음 출간계약을 할 때 1쇄와 달리 2쇄부터는 인세가 조정된다. 1쇄 9%, 2쇄 10%, 3쇄부터는 11%. 이는 계약하기 나름이다. 책 내용이 바뀌어 판도 바뀌어야 한다면 '2판 1쇄'부터 다시 카운트가 들어간다.

숫자로만 보면 책을 수 만 권 팔면 수천만 원의 인세를 가져갈 것 같지만 현실은 그렇지 않다. 유명 작가들은 인세 수익이 엄청나지만 평범한 작가들은 인세만으로 빠듯하게 생활하는 정도다. 첫 술에 배부를 수는 없다. 부업으로 시작한 첫 번째 종이책이 당신을 베스트셀러 작가로 만들어줄 수 있지만 그 확률은 희박하다. 책은 원고 집필에 오랜 시간이 걸린다. 적어도 6개월, 길면 몇 년이 걸린다. 생각만큼 수익이 크지 않을 수 있지만 자신이 쓰고 싶은 내용을 종이책으로 출간하는 것은 큰 의미가 있다.

2. 공신력이 생긴다

책을 출간하면 인터넷 포털에 작가로 등록할 수 있다. 그만큼 공신력있는 인물로 인정받는 것 아닐까? 아무리 그래도 책은 아무나 낼 수 있는 건 아니다. 해당 분야의 전문 경력이 있거나 어느 정도 이름이 알려져야 한다. 물론 유명인이 아니더라도 틈새시장을 노려 독자가 원하는 책을 기획해 만들어낼 수도 있다. 어쨌든 ISBN이 찍히는 책을 출간한다면

누군가가 인터넷 포털에서 당신 이름을 검색했을 때 인물 정보가 보인다면 신뢰감이 생길 것이다.

전문가로 어느 정도 인정받는 것이다.

　오프라인 강의로 이어지는 경우도 많다. 강의가 필요한 단체에서는 다양한 채널로 연사를 물색한다. 유튜브나 뉴스를 검색하거나 지인 추천도 받지만 기본적으로 해당 분야의 책을 쓴 인물을 물색한다. 건축 스타트업 세미나를 기획한다고 가정해보자. 연사를 어떤 방법으로 찾을까? 인터넷에서 건축 스타트업 강의를 했던 인물을 검색하거나 해당 분야 종사자인 친구에게 연락해 연사를 추천받거나 건축 스타트업 서적을 찾아본다. 건축 스타트업 서적을 집필한 전문가라면 기본적으로 가르치는 데 능하고 대규모 오프라인 강의 경험도 많을 것이다. 그런 인물을 연사로 모시면 세미나를 열어도 큰 문제는 없다. 필자가 직접 경험했다. 책은 당연히 아무나 집필할 수는 없지만 책을 집필한 사람은 모두 해당 분야의 전문가다. 그렇다고 모두 책을 써본 경험이 있는 건 아니다. 경력자도 어디선가 신입으로 들어가 경력을 쌓은 사람이다. 당신이 처음 쓴 책이 베스트셀러가 될지도 모른다.

종이책의 단점

1. 원고 집필부터 출간까지 오랜 시간이 걸린다

종이책은 아무나 출간할 수 없다. 출판사 입장에서도 책 한 권은 소중한 콘텐츠다. 책 한 권을 발행해 오프라인 서점에 배포할 때까지 출판사는 큰 돈을 투자하다 보니 저자가 원고를 출판사에 전달하더라도 실제로 출간되어 팔리기까지는 오랜 시간이 걸린다. 물론 책이 판매되어 인세 수익을 받기까지는 더 오랜 시간이 걸린다.

07

전자책

전자책은 전자기기를 통해 콘텐츠를 보는 형태의 책이다. 손으로 넘기는 종이책과 달리 PDF나 PPT 등의 파일 형태로 존재한다. 전자책 판매 플랫폼에 따라 다르지만 표지나 목차를 제외하고 A4 용지 20페이지 이상이면 보통 전자책으로 인정해준다. 대표적인 전자책 판매 플랫폼으로 크몽이 있다. '재능을 판매한다'라는 캐치프레이즈로 시작한 크몽답게 전자책 판매를 '노하우를 판다'라고 표현한다. 누구나 노하우만 있으면 글로 집필해 전자책으로 만들어 팔 수 있다. 전자책은 종이책에 비해 분량이 적다. A4 용지 20페이지이면 종이책으로 60페이지 내외일 것이다. 출판사 입장에서는 그 정도 분량으로는 출간하기 부담스럽다. 수 만 권 팔릴 뚜렷한 계획도 없이 수천만 원에 달하는 종이책 제작비를 감당하기 어려운 것이다. 전자책은 그 같은 출간 제작의 부담이 없다. 노트북이나 PC로 데이터를 콘텐츠화해 글로 적으면 그 자체로 전자책이 된다. 물론 판매 플랫폼에서 수 주 동안 검수를 거치지만 종이책에 비해 대중에게 공개되기까지 걸리는 시간이 무척 짧다. 누구나 노하우만 있으면 부담없이 전자책을 만들 수 있다. 이를 판매하는 판매 플랫폼 입장에서도 부담이 적기 때문이다.

필자는 친구와 이야기를 나누다가 우연히 전자책을 알게 되었다. 내가 가진 노하우 중에 집필할 만한 게 없나 고민하다가 네이버 카페를 운영하면서 쌓인 노하우를 글로 써보면 어떨까 문득 생각했다. 카페 운영만으로도 부업이 될 만한 충분한 수익을 올리고 있었기 때문이다. 카페가 한창 활성화되었을 때는 대기업 직장인 월급 액수가 수익으로 찍힐 정도였다. 지금은 오랫동안 홍보계약한 업체가 쌓여 많지는 않지만 안정적인 수익을 올린다.

디지트한기준

최고의 부업, 매출 350만원 무인카페
운영 시크릿노트 드립니다.

129,000원

디지트한기준

커뮤니티 카페로 수익 창출하는 노하우
11가지를 알려 드립니다.

119,000원

필자는 네이버 카페와 무인카페를 운영하며 쌓인 노하우로 전자책을 집필했다.

필자는 10년 가까이 카페를 운영했다. 회원 수 한 명부터 2만 명이 될 때까지 카페를 키워나가며 겪은 경험을 글로 썼다. 카페 주제 정하는 법, 검색 잘되는 법, 콘텐츠 발굴하는 법부터 회원 모집 방법까지 다양한 노하우를 글로 썼다. 머릿속에 있는 내용을 모두 적고 카테고리별로 구분해 정돈된 문장을 만들었다. 여기에 목차까지 작성하니 그럴듯한 전자책이 만들어졌다. 카페를 워낙 오래 운영했고 종이책도 몇 번 작성해 A4 용지 기준으로 30페이지 남짓 전자책을 완성하는 데는 오래 걸리지 않았다. 전자책을 쓰기로 결심한 후 며칠 만에 전자책이 만들어졌다. 이 전자책을 크몽에 올려 승인받기까지 1~2주가 걸렸고 대중에게 바로 공개되어 판매되었다. 놀랍게도 네이버 카페로 커뮤니티를 만들어 수익을 올리려는 사람이 꽤 많았다. 전자책을 판매하다가 개발 외주로 이어지는 신기한 경험도 했다. 단 한 달, 짧으면 2주 만에 전자책을 발행해 새로운 기회가 창출되는데 도전 안 할 이유가 있는가?

전자책 시작 4단계

1. 집필 방향 설정

종이책과 전자책의 가장 큰 차이점은 분량이다. 전자책은 적은 분량의 콘텐츠로도 한 권이 만들어진다. 종이책에 비해 세세한 분야를 다룰 수 있다. 종이책에서는 '여덟 가지 부업'이 주제라면 전자책에서는 그중 하나인 '무인카페 운영 노하우'를 주제로 책을 쓸 수도 있다. 종이책은 출판사의 수익성도 고려해야 하므로 너무 좁은 범위의 독자를 위해 책을 집필하기는 어렵다. 책 한 권을 인쇄하는 데도 큰 돈이 들어가기 때문이다. 하지만 전자책은 인쇄할 필요 없이 발행이 가능해 전국에 200명 뿐인 독자를 위해서도 글을 쓸 수 있다. 자신이 잘하고 좋아하는 분야의 한 가지 콘텐츠를 생각하자. 그 콘텐츠로 30페이지 이상의 글을 쓸 수만 있다면 누구나 전자책의 저자가 될 수 있다. 세세한 분야를 다룬다고 해서 전문성이 없어도 된다는 뜻은 아니다. 좁은 범위를 다루는 대신 전문성이 보장되어야 한다. 종이책을 써본 사람은 전자책을 쉽게 쓸 수 있지만 전자책만 써본 사람은 종이책 집필에 많은 노력이 필요하다.

2. 원고 집필

전자책은 노트북만 있으면 누구나 만들 수 있다. 종이책에 비해 원고를 쓰는 시간도 짧다. 분량이 적어도 되기 때문이다. 크몽은 표지와 목차를 제외하고 20페이지만 확보되면 전자책으로 인정해준다. 관련 자료 수집과 원고 집필을 2개월과 1개월로 잡았지만 실제로 전자책을 집필하는 시간은 몇 일이다. 원고 집필 시간은 '네이버 카페 운영 노하우'는 7일, '무인카페 운영 노하우'는 약 20일이 걸렸다. 무인카페 운영 노하우 전자책에는 매출정보를 엑셀로 정리해 시각화한 자료가 들어가야 해 엑셀작업에 약 3일의 시간을 할애해야 했다.

3. 전자책 업로드

목차만 보고도 대략적인 책 구성을 파악할 수 있지만 무슨 내용을 주로 다루는 전자책인지, 이 전자책으로 무엇을 배울지 등을 목차만으로 알기는 어려우므로 전자책 판매 페이지에 누구를 타깃으로 작성했는지, 전자책을 읽은 후 무엇을 얻을지 등을 상세히 소개해야 한다. 필자의 첫 번째 전자책, 네이버 카페 운영 노하우는 다음과 같은 자료를 정리해 업로드했다.

기본 정보에는 제목, 카테고리, 서비스 타입을 적는다.

가격을 설정하는 곳에는 단건이 아닌 패키지 판매로도 설정할 수 있다.

서비스 설명은 다음과 같이 작성했다.

카페 운영으로 월 고정수익을 창출하고 싶다면?

활성화된 카페 운영을 꿈꾼다면?

짧은 시간에 11가지 카페 운영 노하우를 배우고 싶다면?

"커뮤니티 카페 수익 창출 방법과 운영 노하우 11가지를 정리했습니다!"

- 전자책만의 장점

#1. 카페 양도가 아닌 개설 후 회원 수 한 명부터 키워낸 운영자의 노하우 집필!

#2. 회원 가입은 있지만 활성화되지 않은 카페에 필요한 솔루션 정리!

#3. 생활 속에서 기회를 찾아 수익으로 이끈 네 가지 비법 정리!

- 전자책 목차

1. 나의 관심 분야 파악하기

2. 고객이 필요로 하는 것은?

3. 현재 고객들의 놀이터는?

4. 플랫폼 체크!

5. 검색이 잘되는 카페는 따로 있다?

6. 콘텐츠가 생명이다? 스토리가 생명이다!

7. 진짜 시작은 100명부터

8. 공유로 시작해 공유로 끝낸다

9. 활성화된 카페 만들기 세 가지 노하우

10. 꼭 알아야 할 일곱 가지

11. 생활 속에서 기회 찾기

- 전자책 정보

분량: 표지 제외, 25페이지

- 업데이트 내용

2020.06.30 전자책 완성(1판)

- 전자책 저자 한기준

현 건축IT기업 디지트 대표(2014.12 ~)

현 VR마케팅기업 루시드스페이스 대표(2022.04 ~)

현 건축교육 플랫폼 페이서 마케터(2021.09 ~)

건축커뮤니티 디지트 운영 중(2013.04 ~)

- 자주 묻는 질문

Q: 현재 카페를 개설하지 않았는데 도움이 될까요?

A: 카페를 개설하지 않은 분도, 이미 개설한 분도 모두 적용할 수 있
   는 노하우입니다.

Q: 전문 분야 지식이 필요한가요?

A: 커뮤니티 운영에는 자신이 좋아하는 분야가 필요할 뿐 전문 지식이 필요하지는 않습니다.

Q: 전문적으로 다뤄야 할 프로그램이 있나요?

A: 없습니다. 이 전자책으로 마인드셋을 정립해 바로 카페를 개설하면 됩니다.

Q: 구매 후 환불이 가능한가요?

A: 아쉽게도 전자책 발송 이후에는 환불이 불가능합니다. 양해 부탁드립니다.

이미지에서는 미리보기 페이지를 보여줄 수 있다. 메인 이미지 한 개와 상세 이미지 아홉 개를 업로드할 수 있다.

✓ 기본정보	작업전요청사항 (선택)	+ 요청사항 추가	
가격설정		• 전자책, ... 카드 지대고기는 주문이 들어나는 주시 전자책이 ... 자동발송되시트로, 작업전요청사항 정보를 추가하실 필요가 없습니다.	
서비스 설명			
이미지			
☑ 요청사항			

요청사항에는 별도로 적을 내용이 없다. 구매와 동시에 판매되기 때문이다.

2020년 무인카페 운영 노하우 전자책을 업로드할 때만 해도 전자책 초창기였다. 전자책 종류도 많지 않았고 수도 적었다. 2022년 현재 전자책이 쏟아져 나온다. 홍보에 힘써야 전자책을 판매할 수 있을 것이다. 2022년 무인카페 운영 1년차 되던 해 무인카페 운영 노하우 전자책을 하나 더 집필했다.

요청사항에는 별도로 적을 내용이 없다. 구매와 동시에 판매되기 때문이다.

기본정보	가격 정보			⬤ 패키지로 가격설정
✅ 가격설정	STANDARD			
서비스 설명	제목*	무인카페 운영 노하우(pdf)		16/20
이미지	설명*	무인카페 구축 및 운영 노하우 + 좋은 점포 체크리스트 + 월간/주간 시간대별, 상품별 상세매출		55/80
요청사항				
	금액 (VAT 포함)*	129,000		원
	작업 기간*	1일		
	수정 횟수*	0회		

가격설정 설명에 더 자세한 내용을 적었다.

서비스 설명은 다음과 같이 작성했다. 리뷰를 작성하면 매출 원본 파일을 주는 이벤트를 진행했는데 그 덕분에 구매자 수 대비 리뷰 수가 많다.

** 리뷰 이벤트 중! 리뷰 이벤트 참가 시 '매출 원본(엑셀) 파일' 전달!

본업이 있지만 투잡을 준비 중이라면?

하루 10분 관리로 꾸준한 수익을 올리고 싶다면?

짧은 시간에 무인카페 운영 노하우를 배우고 싶다면?

무인카페 운영 당시 순이익이 궁금하다면?

"무인카페 구축 및 운영 노하우를 7가지 챕터로 정리했습니다"

- 이 전자책만의 장점

#1. 다양한 무인사업을 운영하는 저자의 노하우 전달!

#2. 무인카페 오픈 컨설팅으로 쌓은 노하우 집대성!

#3. 지출을 줄이고 수익을 높이는 노하우 집필!

#4. 상품별 상세 지출내역 공개!

- 전자책 저자 한기준

현 건축IT기업 디지트 대표(2014. 12 ~)

현 VR마케팅기업 루시드스페이스 대표(2022. 04 ~)

현 건축교육 플랫폼 페이서 마케터(2021. 09 ~)

건축커뮤니티 디지트 운영 중(2013. 04 ~)

무인독서실 운영 중(2020. 09 ~)

무인카페 운영 중(2021. 05 ~)

- 책에 포함된 19가지 팁

#1. 커피머신에 원두통이 두 개라면?

#2. 무인카페 관리, 일일 루틴

#3. 모든 지출은 '이것'이 필요하다

#4. 프랜차이즈에 연락하는 것을 겁내지 말자

#5. 구청에서 덤벙대지 않는 법!

#6. 권리금이 있는 공간? 없는 공간?

#7. 로드뷰로 보면 점포가 좋아보이는 이유

#8. 점포를 찾는 데 오래 걸린다고? 그만한 가치가 있다!

#9. 풍부한 상상력을 발산하라!

#10. 무인카페 사장의 절친은 무인카페 사장!

#11. 분리형? 일체형? 로봇 암? 어느 것이 좋을까?

#12. 가벽을 석고보드만으로 시공한다면…

#13. 페인트계의 에르메스?

#14. 전기 아저씨와 많은 이야기를 나누자

#15. 레일 등을 선호하는 이유

#16. CCTV와 무선공유기, 스피커의 공통점은?

#17. 커피컵 수거함으로 쓰레기 양을 줄인다고? 아이디어는 좋네요

#18. 간판이 낮에 불 들어올 필요는 없죠

#19. 원두 주문은 넉넉히

메인 이미지를 멋지게 디자인했다.

요청사항에는 별도로 적을 내용이 없다. 구매와 동시에 판매되기 때문이다.

4. 홍보

종이책은 출판사에서 홍보를 어느 정도 도와주고 오프라인 서점에 책이 노출되므로 별도 홍보 없이도 판매는 된다. 물론 판매촉진을 위해 저자도 많이 노력해야 한다. 전자책은 원고 집필, 퇴고, 탈고를 마치고 플랫폼 업로드까지 저자 자신이 한다. 홍보도 마찬가지다. 현재와 같이 전자책이 쏟아지는 시대에 가만히 앉아 있으면 자신이 쓴 전자책은 쉽게 노출되지 않는다. 다양한 SNS 채널과 커뮤니티에 자신의 전자책을 알리기 위해 열심히 노력해야 한다.

자신이 운영하는 SNS 채널이 있으면 가장 좋다.

자신이 운영하는 SNS 채널이나 커뮤니티가 있으면 당연히 좋겠지만 그렇지 않다면 발품을 파는 방법이 있다. 유료로 홍보를 부탁해도 좋지만 전자책 판매로 매출이 아직 발생하지 않은 상황에서 유료 홍보는 부담스럽다. 최대한 무료 홍보 방법을 생각해 진행하자. 어느 정도 매출이 발생하거나 투자할 자금이 있다면 유료 홍보를 진행해도 좋다. 10만 원짜리 유료 홍보를 진행했는데 5만 원짜리 전자책 네 권이 팔린다면? 크몽은 전자책 판매 매출의 80%를 저자에게 전달하므로 그렇게 되면 무려 6만 원이 이익이다.

전자책 매출 및 지출

초기 투자			
비용		노력	
상세 내역	비용	상세 내역	기간
노트북	180만 원	학습	2년
태블릿 PC	100만 원	관련 자료 수집	2개월
		원고 집필	1개월
초기 투자금	280만 원	초기 투자 노력	2년 3개월

	매월	매년
매출	20만 원	240만 원
고정지출	0원	0원
유동지출	0원	0원
순수익	20만 원	240만 원
매출 대비 수익률	100%	
투자금 대비 연수익률	85.7%	
투자금 복구 기간	14개월	

종이책은 저자가 약 10%의 인세를 받는다. 그것도 6개월이나 1년마다 정산하는 시스템이다. 실시간으로 총 몇 권이 팔렸는지 계산할 수 없기 때문이다. 온라인 결제 구매인 경우는 계산이 되겠지만 오프라인 서점에 깔린 책들은 실시간으로 판매량을 알아내 합산하기 어렵다. 전자책은 어떤가? 크몽 기준으로 전자책을 집필한 저자는 80%의 인세를 받는다. 게다가 웹사이트에서 출금 신청 버튼만 누르면 다음날이나 다다음날 바로 돈이 입금된다. 종이책을 집필해 베스트셀러가 되면 수 년 동안 수천만 원을 벌 수 있지만 전자책을 집필해 베스트셀러가 되면 단 며칠 만에 수천만 원을 벌 수도 있다.

전자책의 장점

1. 생각보다 높은 소득이 발생할 수 있다

종이책을 발행하려면 절차가 복잡하다. 원고를 마치면 인쇄를 한다. 책 커버와 책등까지 멋지게 계획해 완성된 형태의 종이책을 만들어낸다. 그후 각종 오프라인 서점에서 책을 볼 수 있도록 유통한다. 당장 유통이 필요없는 책들은 창고에 보관하고 영업과 홍보활동으로 책 판매를 촉진한다. 즉, 종이책은 인쇄비, 디자인비, 유통비, 보관비 등을 합산하는데 그중 유통비와 보관비의 비중이 높다 보니 종이책 한 권당 1~2만 원의 가격이 책정된다.

한 쇄에 많은 양을 찍지 않는 올컬러 책은 3만 원 이상도 많다.

반면, 전자책은 어떨까? 자신의 노하우를 글로 남기고 싶다면 누구나 전자책의 저자가 될 수 있다. 전자책의 가격은 5천 원부터 100만 원까지 천차만별이다. 그야말로 '저자 마음대로' 가격을 정할 수 있다. 물론 전자책을 구매하는 사람들도 납득이 되는 가격이어야 한다. 참고로 필자가 집필한 전자책 중 '무인카페 운영 노하우'는 129,000원이다. 가격이 높아 잘 안 팔릴 것 같은가? 책을 올리고 다음날 유튜브로 홍보했는데 이후 사흘 동안 220만 원어치가 팔렸다.

완료	수익금 103,032원 #2946241	주문 접수일 : 22.06.04 20:23	실 거래 금액 : 129,000원
완료	수익금 103,032원 #2945956	주문 접수일 : 22.06.04 16:56	실 거래 금액 : 129,000원
완료	수익금 103,032원 #2945896	주문 접수일 : 22.06.04 16:17	실 거래 금액 : 129,000원
완료	수익금 103,032원 #2945840	주문 접수일 : 22.06.04 15:39	실 거래 금액 : 129,000원
완료	수익금 103,032원 #2945800	주문 접수일 : 22.06.04 15:01	실 거래 금액 : 129,000원
완료	수익금 103,032원 #2945731	주문 접수일 : 22.06.04 14:20	실 거래 금액 : 129,000원
완료	수익금 103,032원 #2945700	주문 접수일 : 22.06.04 13:54	실 거래 금액 : 129,000원
완료	수익금 103,032원 #2945682	주문 접수일 : 22.06.04 13:44	실 거래 금액 : 129,000원
완료	수익금 103,032원 #2945310	주문 접수일 : 22.06.04 02:25	실 거래 금액 : 129,000원

종이책과 달리 수익을 실시간으로 확인할 수 있다.

2. 콘텐츠가 유동적이다

종이책은 2천 권의 초판 1쇄가 발행되면 각종 오프라인 서점에 책이 깔린다. 전자책은 PDF 파일이 전자책 판매 플랫폼 서버 어딘가에 자리잡고 있다. 전자책은 전자 파일 형태로 존재하다가 구매자가 결제하면 즉시 파일이 주문자에게 보내진다. 판매되기 전까지 이 둘은 큰 차이가 없다고 생각할 수 있지만 유동성 측면에서는 매우 큰 차이가 있다. 오타가 발견되었다고 가정해보자. 종이책의 경우, 보통 오타를 확인하면 2쇄 때 해당 페이지를 다시 수정할 계획을 잡지만 전자책은 어떤가? 플랫폼 서버에 업로드된 자료만 수정하면 그만이다. 바로 다음 구매자부터는 오타가 수정된 파일을 구매하는 것이다. 만약 치명적인 오타라면? 전자책은 앞에서 말했듯이 오타를 수정해 다시 업로드하면 된다. 종이책은 치명적인 오타가 발견되면 서점에 깔린 수백 권을 모두 회수해 수정한 책을 다시 보내거나 기존 책에 스티커를 붙인다. 전자책은 전자기기로 자료를 보다 보니 자연스럽게 다른 서비스로 유도하는 버튼도 만들 수 있다. 전자책 내부에 자신이 운영하는 서비스로 넘어가는 링크를 만들거나 타 플랫폼으로 이동할 수 있는 버튼을 만들 수도 있다.

전자책의 단점

1. 지속적인 홍보가 필요하다

전자책으로 높은 매출을 기록하는 경우는 두 가지다. 저자가 해당 분야에서 이미 유명하거나 SNS 채널에서 열심히 홍보 중인 것이다. 전자책은 발행했다고 곧바로 판매로 이어지는 것은 아니다. 지속적인 홍보가 필요하다. 종이책도 출판사에서 홍보를 많이 지원한다. 전자책을 집필했다면 SNS 채널이나 커뮤니티에 지속적인 홍보를 해야 한다. 전자책판매 플랫폼에서 마케팅 지원을 많이 하지는 않는다. 보통 전자책은 판매처가 한 곳인 덕분에 하나의 링크만 홍보하면 된다. 홍보할 각종 콘텐츠를 만들고 해당 전자책을 구매할 수 있는 링크를 마지막에 노출하는식이다. 전자책은 그 외에 별 단점이 없다.

무인카페 전자책 판매촉진을 위해 유튜브 영상을 제작했다.

08

무인카페

코로나가 한창이던 2020년 무인사업이 뜨기 시작했다. 무인카페, 무인독서실, 무인편의점, 무인세탁소 등 업종도 정말 다양하다. 특히 무인카페는 2020~2021년 2년 동안 엄청나게 유행했다. 지금은 아파트 단지 입구나 빌라촌에서 무인카페를 심심찮게 볼 수 있다. 인건비가 들지 않고 소규모 점포로 시작할 수 있다는 것이 무인카페의 매력이다. 필자는 평소 다양한 상상을 한다. 근거없는 몽상이 아니라 정제된 정보를 조합해 만든 상상이다. 이를 '사고실험'이라고 부른다. 뭔가 눈에 띄는 걸 발견하면 이것을 사업화하거나 촉진시킬 방법을 구체적으로 상상해본다. 2020년 초 코로나가 심해지면서 모든 오프라인 영업활동이 멈추었다. 당시 '내가 무인카페를 하면 어떨까?'라는 질문을 시작으로 구체적인 사업계획을 세웠다. 차량 운전을 워낙 좋아해 주말마다 차를 타고 지방 무인카페를 돌아다녔다. 참고로 필자의 차량은 출고한 지 이제 막 6

년 5개월째인데 총 주행거리는 20만km가 넘는다. 지구를 다섯 바퀴 돈 거리다. 당시는 사업할 생각이 없었지만 상상이라도 사업계획을 세운다면 진지해져야 한다. 무인카페 점포에 들러 음료도 마셔보고 쓰레기를 뒤져 사용하는 원두와 파우더의 종류도 파악했다. 자세한 조사가 필요한 무인카페는 시간대별, 날짜별로 몇 번씩이나 찾아갔다.

필자가 운영하는 무인카페 디팟은 필자가 운영하는 사무실 아래층에 있다.

무인카페 시작 5단계

1. 무료로 사업 경험하기

상대성 이론은 아인슈타인이 주장한 거시세계를 다루는 이론이다. 양자역학과 함께 우주에 작용하는 법칙을 설명하는 이론이자 현대 물리학에서 우주를 이해하는 데 사용되는 가장 근본적인 이론 중 하나다. 그유명한 'E=mc²'는 특수 상대성 이론에서 제시된 질량, 에너지 등가 방정식이다. 상대성 이론은 단순 이론일뿐만 아니라 실험으로 증명되기도 했다. 아인슈타인은 미래에서 왔을까? 이 같은 내용을 어떻게 다 꿰뚫고 있었을까? 물체가 외부의 힘을 받지 않고 오직 중력에 의해서만 움직이는 운동을 '자유낙하운동'이라고 부른다. 지동설로 유명한 갈릴레오 갈릴레이는 물체가 무거울수록 빠르게 낙하한다는 아리스토텔레스의 주장에 반대했다. 결국 피사의 사탑에서 직접 실험해 증명했다.

아인슈타인과 갈릴레오 갈릴레이는 '사고실험(Thought Experiment)'을 통해 많은 상황을 예측했다. 사고실험이란 실제 상황에서 적용하기 어려운 경우, 물리적 특성을 바탕으로 실제 상황을 예측하는 실험이다. 굳이 직접 실험하지 않고 생각만으로 결론을 내린다는 뜻이다. 당연히 물리적 이해도가 높아야 실제와 비슷한 결과를 예측할 수 있다. 과학자들은 그 누구보다 상상력이 풍부한 사람들이다. 사고실험은 소요되는 자원이 적다. 단순히 생각만으로 실험이 이뤄지므로 비용과 시간이 많이 들지 않는다. 익숙해지면 짧은 시간에도 많은 사고실험을 해볼 수 있다. 군이 수천만 원씩 들여 사업을 시작하기 전에 사고실험으로 사업의 전반적인 움직임을 생각할 수 있다.

다양한 경험이 많을수록 사고실험을 구체적으로 구현할 수 있다. 많은 데이터에 기반해 인공지능이 발전하듯 많은 경험을 쌓을수록 사고실험의 결과도 뚜렷해진다. 아인슈타인도 물리적 이론 지식이 없었다면 사고실험은 망상에 불과했을 것이다. 당시의 '경험'은 실제로 사업을 일으키고 운영하면서 생긴 직접적인 경험도 있겠지만 타인의 이야기를 듣거나 책에서 접하는 모든 간접경험도 포함한다. 풍부한 창의력과 기억력을 동원해 아직 발생하지 않은 사건을 상상해보자. 아직 일어나지도 않은 불행한 사건을 생각하면서 고민에 빠지지는 말자. 시간, 돈, 노력이 많이 투입되는 일을 시작하기 전에 사고실험을 해보자는 뜻이다. 사고실험은 무엇이든 어디서든 언제나 할 수 있다는 것이 장점이다.

2. 무인카페 사고실험

무인카페를 준비하다가 마음에 드는 빈 점포를 발견했다고 가정해보자. 무인카페는 생각보다 주변에 많이 퍼져 있다. 네이버 지도에서 '무인카페' 또는 '24시 무인'을 검색하면 다양한 무인카페가 검색된다. 전부는 아니지만 대부분의 무인카페는 24시간 영업이다. 가끔 관리상 이유로, 상가가 닫힌다는 이유로 24시간이 아닌 무인카페도 있다. 정말 많은 무인카페를 돌아다니며 사례조사를 해야 한다. 점포 위치, 손님의 부류, 선호하는 음료 등을 파악해야 한다. 물론 마음에 든다는 이유만으로 점포를 덜컥 계약하면 안 된다. 여러 요인에 모두 만족해 결정을 고민하는 단계다. 여기에 무인카페를 열어도 좋을지 사고실험으로 생각해볼 수 있다.

상상력을 동원해 33세 주부가 되어 본다. 바로 앞 단지에 위치한 P아파트 103동 1204호에 살고 있다. 아침에 일어나 아침밥을 먹고 가볍게 거실을 청소하다가 문득 창밖을 내다본다. 엘리베이터를 타고 내려가 약 60m만 걸으면 새로 오픈했다는 무인카페에 갈 수 있다. 무인카페가 바로 앞에 오픈했다는 건 당근마켓 광고에서 오픈 기념 이벤트 소식을 접해 알고 있었다. 30분 후 친구를 만나기로 했는데 때마침 시간도 있어 스마트폰만 갖고 무인카페로 향했다. 무인카페 앞에 도착해보니 점심시간이었는데 무인카페에 앉아 있는 손님 두 명이 보인다. 한 명은 독서하고 한 명은 노트북으로 작업 중이었다. 약 12평 면적인데 테이블은 여섯 개나 된다. 무인카페에 들어가니 오싹한 기운이 든다. 에어컨을 낮은 온도로 설정한 것 같다. 무인카페 머신이 바로 앞에 보인다. 이것저것 글씨가 많은데 음료를 어떻게 뽑는지 천천히 읽어본다. 너무 글씨가 많아 다 읽지는 못하고 아메리카노를 결제해본다. 오른쪽 기계에서 뭔가 '툭' 떨어진다. 예상하지 못한 소리에 깜짝 놀랐다. 기계가 '컵을 머신 가운데 놓으세요'라고 말한다. 몸을 기울여 오른쪽 기계를 보니 꽤 큰 종이컵이 나와 있다. 종이컵을 가운데 머신에 놓고 기다려본다. 약 30초 동안 기계에서 요상한 소리가 나더니 커피 한 잔이 완성되었다. 음료가 완성되었으니 가져가라는 기계음이 들린다. 카페 배경음악 음량에 비해 기계 소리가 더 커 조금 민망하다. 커피를 꺼내 에어컨 바람이 직접 불지 않는 구석 자리에 앉는다. 카페에 처음 들어올 때는 꽤 추웠는데 가만히 있으니 시원한 느낌이다. 친구를 여기로 불러야겠다고 생각한다. 카톡으로 무인카페 위치를 찍어주려고 네이버 지도를 켰는데 아직 등록을 안 했는지 검색이 안 된다. 친구에게 무인카페 옆의 부동산 위치를 알려줬다. 스마트폰 배터리가 23% 남았다. 이 배터리로 30분은 버틸 수 있을지 모르겠다. 그렇다고 커피 한 잔만 테이블 위에 달랑 놓고 충전 케이블을 가지러 집에 가자니 민망하다. 카페 사장이 커피를 버릴 것만 같다. 그렇다고 커피를 들고 갔다가 오려니 다시 들어올 때 다른 점포에서 커피만 가져온 것처럼 보일까 봐 그게 더 민망하다. 당황하지 않은 척 차분히 앉아 있는데 '스마트 셀프바'라는 글씨가 보인다. 독서대와 충전 케이블, 담요 등이 준비되어 있다. 사막 한가운데서 오아시스를 발견한 기쁨이 느껴진다. 스마트 셀프바에 있는 충전 케이블을 얼른 가져와 자리로 돌아온다. 그런데 구석 자리에는 콘센트가 없다. 노트북으로 작업 중인 손님이 창가에 붙어 앉은 이유가 있었다. 할 수 없이 에어컨 바람을 쐬지만 콘센트가 있는 자리로 옮긴다. 5분가량 지났을까? 생각보다 에어컨 바람이 세다. 카페 사장에게 문자나 카톡으로 에어컨 바람을 약하게 조정해달라고 말하고 싶지만 카페 벽면에는 와이파이와 화장실 비밀번호만 있을 뿐이다. 어느덧 시간이 지나 친구가 도착했다. 친구도 무인카페는 처음이란다. 나름 30분 전에 이미 사용해봐 자신있게 무인카페 머신 이용법을 가르쳐준다. 갑자기 친구가 카드결제기에 꽂힌 카드를 뽑더니 깔깔 웃는다. 결제한 후 카드 뽑는 걸 잊은 것이다. 친구도 음료를 하나 뽑아 자리에 앉는다. 친구는 "여기는 사장이 없어? 저 담요 훔쳐가면 어떡해?"라는 질문으로 이야기를 시작한다.

이 같은 상상을 해보면 무인카페 사장은 무엇을 준비하고 대비해야 할까? 사람마다 감각과 생각하는 방식이 달라 정답은 없다. 충전기나 독서대를 두지 않아야 할까? 모든 좌석에 콘센트를 배치해야 할까? 에어컨 리모컨을 벽면 어딘가에 둘까? 카드를 뽑으라는 안내문을 큼직하게 써놔야 할까? 사장이 원하는 대로 조치하면서 사업을 운영하면 된다. 그게 그 점포의 브랜드가 되기도 한다. 필자는 하루에도 몇 명의 손님이 되어 필자가 운영하는 무인카페를 방문한다. 이렇듯 상품이나 서비스를 기획하고 개선하는 데 풍부한 상상력은 도움이 된다.

3. 점포 리서치 및 계약

수많은 무인카페를 돌아다닌 후 무인카페로 적합한 점포의 조건을 다음과 같이 갈무리할 수 있었다.

구분	기준
위치	아파트 단지 입구, 빌라촌, 이면도로 쪽
조건	유동인구가 많은 1층 점포
임대료	월세 100만 원 이내
면적	5~12평
플러스 요인	인테리어가 어느 정도 이미 된 맛집 주변
마이너스 요인	무인카페나 저가 커피가 이미 있는 곳, 24시간 운영에 문제가 있는 곳

무인카페는 동네 주민을 단골로 만들어야 한다. 1천 세대 이상의 아파트 단지 입구나 빌라촌 사이에 있으면 좋다. 도로와 보도의 구분이 없는 이면도로라면 월세가 더 저렴하다. 다만 유동인구가 많아야 한다. 월세가 저렴하다는 이유로, 권리금이 없다는 이유로 점포를 계약하면 월세가 저렴한 이유를 체험할 것이다. 무인카페는 매출 자체가 높지 않으므로 지출을 낮춰야 한다. 임대료가 지출에서 큰 부분을 차지하는데 월세 100만 원 이내의 공간을 임대해야 한다. 사실 월세 100만 원도 부담스럽다. 실제로 점포 위치가 좋은데도 월세가 50만 원, 70만 원인 점포도 많다. 면적은 넓을수록 좋겠지만 이런저런 조건을 따져보면 12평 이상을 구하기는 어려울 것이다. 무인카페라고 하더라도 좌석이 있으면 좋으니 5~12평 공간을 물색해보자. 좌석을 배치하지 않을 생각으로 3평 공간에 들어가도 좋다. 다만 무인카페에 좌석이 없으면 겨울에 매출 방어가 힘들다.

인테리어가 어느 정도 되어 있다면 더할 나위 없이 좋다. 초기 투자금이 넉넉치 않고 인테리어에 큰 욕심이 없다면 인테리어가 되어 있는 곳에 들어가는 게 좋다. 가구와 조명만 적당히 배치해도 공간 분위기가 확 바뀐다. 다만 주변에 다른 무인카페나 저가 커피가 이미 있다면 절대로 오픈하면 안 된다. 그 같은 곳에 무인카페를 차리면 굴러온 돌, 박힌 돌 모두 피곤해진다. 안 그래도 무인카페는 엄청난 매출이 기대되는 사업이 아닌데 근처에 비슷한 매장을 열면 파이 나눠먹기밖에 안 된다. 주변에 무인카페나 저가 커피가 있다면 반드시 피해야 한다.

　점포 조건은 너무 좋은데 월세가 저렴한 경우가 가끔 있다. 특정 시간에만 운영이 가능한 점포일 수 있으니 반드시 확인하자. 무인카페는 상주하는 직원이 없어 새벽에도 영업이 가능하다. 이 점이 다른 카페에 비해 장점이지만 24시간 운영이 힘든 곳이라면 무인의 장점을 살리지 못하게 된다. 이 모든 사항을 종합해보면 네일샵, 미용실, 부동산중개소 자리가 좋다는 결론이 나온다. 물론 부동산중개소는 항상 좋은 위치에 있다. 필자가 운영하는 사무소는 합정동 골목 2층이다. 문득 주인집 아주머니와 이야기하다가 1층 옷가게가 점포를 뺀다는 것을 알게 되었다. 기회는 준비된 자에게 온다고 했던가. 바로 주인집 아주머니와 옷가게를 들러 점포를 둘러보고 이틀 후 바로 계약했다. 2020년 한 해 동안 구체적으로 사업계획을 세운 덕분에 점포 계약 후 무인카페 오픈까지 한 달이 채 걸리지 않았다.

4. 인테리어

기계장비를 중고로 저렴하게 구하고 어느 정도 인테리어가 되어 있는 곳에 들어가 100만 원어치 가구를 배치하고 무인카페를 시작한 사장님도 본 적이 있다. 그 같은 경우, 초기 창업비를 많이 아낄 수 있다. 무인카페는 면적이 넓어도 15평 이내일 것이다. 보통 9~10평이 많다. 이런저런 조건을 따져 월 임대료가 100만 원 이하라면 그보다 큰 공간은 찾기 어렵다. 10평 내외 공간이라면 전공자가 아니더라도 쉽게 인테리어할 수 있는 정도다. 무인카페를 많이 돌아다녀보면 자주 보이는 건축 마감재가 있다. 일반적인 무인카페 인테리어는 비싸지 않은 마감재를 사용한다. 공정별로 적합한 전문가를 모셔와 한 단계씩 시공하면 된다. 숨고 앱을 이용해 각 분야 전문가를 모셔오는 방법이 있지만 가장 확실한 방법은 인테리어 시공을 조금이라도 아는 지인의 도움을 받는 것이다.

자신이 비전공자인데 지인 중에 인테리어를 조금이라도 아는 사람이 없다면 프랜차이즈 업체에 부탁해도 좋다. 프랜차이즈 업체에서는 적당한 가격에 인테리어 디자인부터 시공까지 맡아 진행한다. 다만 자신이 모든 시공에 직접 관여하는 것에 비해 시공비가 비쌀 수 있다는 점은 감안하자.

5. 운영 및 관리

무인카페는 청소와 소모품 관리만 잘해주면 된다. 그 외에 별도로 마케팅 노력이 필요하다. 관리는 얼마나 간단할까? 무인카페 관리 루틴은 다음과 같다.

시간	내용
1분	컵 채우기
2분	원두 채우기
2분	파우더 채우기
1분	셀프바 채우기
2분	머신 및 셀프바 청소하기
5분	카페 내부 청소하기
2분	카페 외부 청소하기
1분	쓰레기 비우기
3분	주문할 소모품 확인해 주문하기

루틴에 소요되는 총 시간은 약 20분이다. 필자는 무인카페를 운영해본 지 1년이 넘어 많이 능숙해졌다. 실제로 측정해보면 약 11~15분 걸린다. 넉넉히 잡아 하루에 1시간 동안 관리한다고 가정해보자. 하루 1시간 관리로 이 정도로 꾸준한 수익이 나는 부업이 또 있을까?

무인카페 매출 및 지출

초기 투자			
비용		노력	
상세 내역	비용	상세 내역	기간
보증금	1,000만 원	사업 리서치	10개월
커피머신	2,200만 원		
인테리어	1,200만 원		
가구 및 기타	220만 원		
에어컨	225만 원		
가구 및 기타	220만 원		
초기 투자금	5,065만 원	초기 투자 노력	10개월

	매월	매년
매출	350만 원	4,200만 원
고정지출	110만 원	1,320만 원
유동지출	90만 원	1,080만 원
순수익	150만 원	1,800만 원
매출 대비 수익률	42.9%	
투자금 대비 연수익률	35.5%	
투자금 복구 기간	33개월 24일	

　　무인카페는 초기 투자금 중 커피머신이 절반이다. 아무리 저렴한 커피머신도 1,500만 원 이상이다. 초기 투자비를 최소로 설정하고 싶다면 중고 커피머신을 알아볼 수도 있다. 커피머신과 인테리어에 얼마를 썼느냐에 따라 투자금 복구 기간이 짧아질 수도 있다.

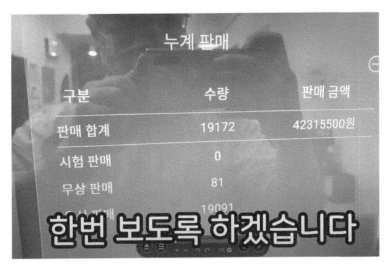

무인카페 1년간 총매출. 필자의 유튜브 콘텐츠를 캡처했다.

　　무인카페는 오프라인 부업 중 인건비가 거의 안 드는 사업이다. 하루에 약 20분만 관리하면 되고 매출과 순이익도 만족스러운 수준이다. 매출이 한창 높은 여름에는 400만 원 매출도 우습지만 한겨울에는 200만 원대로 떨어지기도 한다. 평균 월 350만 원의 매출이 발생한다. 지출은 월세와 소모품비가 전부인데 높게 잡아 약 200만 원이다. 1년 순수익으로 1,800만 원은 가져갈 수 있는 부업이다. 하루에 12만 원 매출이 발생한다면 그중 5만 원이 순이익인 셈이다. 다른 사업과 달리 오프라인 점포를 관리하다 보니 다양한 고객을 만나 이야기 나눌 기회가 많다. 필자에게는 150만 원의 순이익보다 새로운 인연을 만나는 접점으로서 너무 고마운 역할을 하는 부업이다.

무인카페의 장점

1. 누구나 쉽게 차릴 수 있다

무인카페는 프랜차이즈 업체의 도움 없이 바로 시작할 수 있다. 물론 이것저것 신경쓰기 싫고 빨리 쉽게 시작하고 싶다면 프랜차이즈로 오픈하면 된다. 다만 누구나 차릴 수 있을 정도로 쉬워 조금만 신경쓰면 적은 창업비용으로도 무인카페를 차릴 수 있다.

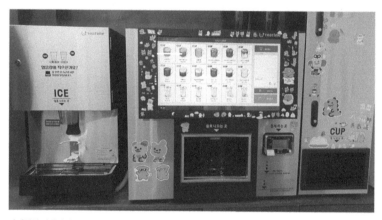

카페처럼 인테리어를 꾸미고 커피머신을 두면 무인카페가 완성된다.

무인카페는 '자판기 운영업'이다. 길거리를 다니다 보면 과자나 음료 자판기를 쉽게 만난다. 그것을 운영하는 사업자도 '자판기 운영업'으로 사업자등록을 한 사람이다. 즉, 길거리에서 볼 수 있는 머신을 인테리어가 된 공간에 넣은 것뿐이다. 소규모 점포 인테리어 후 커피머신만 넣으면 된다. 물론 커피머신이 비싸지만 추후 중고로 판매해도 꽤 높은 금액을 받을 수 있다. 약 2,200만 원짜리 커피머신은 1년 후 약 1,700만 원에 거래된다.

2. 인건비가 안 든다

공유 오피스의 경우와 마찬가지다. 무인사업 자체가 장점이다. 알바생을 고용해 운영하면 두 가지 문제가 발생한다. 갑작스러운 이벤트를 항상 준비해야 하고 고객에게 일관된 서비스를 제공하기 어렵다. '이벤트'는 좋은 의미의 '이벤트'가 아니다. 항상 한결같을 것 같던 알바생이 다양한 이벤트를 제공한다. 아무 연락도 없이 나오지 않거나 늦잠을 자 오후 3시에 카페를 여는 등 다양한 이벤트가 있다. 사람은 완벽하지 않다. 일관성을 항상 유지하기 어렵고 실수가 있을 수밖에 없다. 실수하는 모습을 보고 '인간적'이라고 말하지 않는가. 무인 커피머신을 이용해 음료를 뽑으면 항상 같은 퀄리티의 음료가 나온다. 음료의 원료인 원두나 파우더가 소진되지 않도록 유의만 하면 된다.

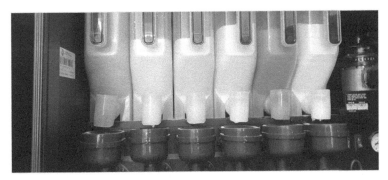

커피머신 내부에는 원두 그라인더, 브로멕, 파우더 통이 있다. 구조가 간단하다.

물론 커피머신도 기계장비다. 언제든지 오류나 고장이 날 수 있다. 이때 신속히 AS를 받아야 무인카페를 문제없이 운영할 수 있다. 이 같은 이유로 커피머신을 고를 때 커피머신 업체의 AS를 반드시 확인해야 한다.

3. 관리가 쉽다

무인카페는 차리기 쉽고 관리는 더 쉽다. 나이드신 어른들이 퇴직 후 무인카페나 무인독서실 창업을 생각한다. 창업과 관리가 쉽다고 생각하기 때문이다. 필자는 무인독서실도 운영 중이다. 무인독서실은 동업자가 있어 관련 내용을 책으로 집필하기 어려워 언급하지 않았다. 두 가지 모두 하는 입장에서 자신있게 말할 수 있다. 무인독서실보다 무인카페 관리가 쉽다. 이용하는 고객 수는 비슷해도 면적이나 관리해야 할 항목에서 차이가 나기 때문이다.

무인카페의 단점

1. 누구나 쉽게 차릴 수 있다

동전의 앞면과 뒷면이 공존하듯 무인카페 창업의 낮은 장벽은 장점이자 단점이다. 무인카페 매출이 눈에 띄게 떨어지는 경우는 두 가지다. 가까운 데 저가 프랜차이즈 카페나 무인카페가 생긴 경우다. 무인카페를 잘 운영하는데 바로 옆에 무인카페가 생긴 경우도 봤다. 무인카페는 매출 자체가 작은데 그걸 또 나눠먹자는 식으로 덤비면 서로 피곤하다. 물론 옆에 새로 무인카페를 차리는 건 사장의 자유이지만 사회적으로 지탄받지 않을 정도의 상도덕은 필요하다. 무인카페는 언제든지 경쟁업체 때문에 방어하는 입장이 될 수 있다. 두터운 고객층을 확보해둔다면 방어하는 입장에서도 쉽게 무너지지 않는다. 고객 한 명 한 명에게 최선을 다하겠다는 자세로 무인카페를 운영해야 한다.

2. 자리 비우기가 쉽지 않다

필자는 일주일에 한 번은 지방으로 여행을 떠났다. 비교적 자유로워 주중이든 주말이든 상관하지 않고 여행을 떠났다. 여행을 떠나 사업 리서치도 하고 맛집도 들러 시간을 보냈다. 하지만 무인카페를 오픈한 후부터는 쉽게 여행갈 수가 없었다. 일반 카페에서는 알바생이 말썽이듯 무인카페에서는 커피머신이 말썽이다. 물론 기계장비는 전날 과음해 지각하거나 개인 사정으로 일을 빠지지도 않는다. 다만 고장날 뿐이다. 커피머신이 고장나면 영업을 할 수가 없다. 일반 카페에서 고객이 주문하는데 알바생이 눈만 껌뻑이며 매대 앞에 서있는 것과 같다. 커피머신이 고장나면 즉시 기계장비 업체에 AS 요청을 해야 한다. 접수 후 수리기사가 빠르면 당일 방문해 고쳐주지만 보통 하루이틀 후에 방문한다. 그동안 매출은 없거나 저조하다.

핫컵과 아이스컵은 하루에 한 번은 채워줘야 한다.

    필자가 사용하는 동구전자의 티타임 A1 커피머신은 아이스컵이 약 90개 들어간다. 하루에 한 번은 반드시 아이스컵을 채워줘야 한다. 1박 2일로 여행가고 싶다면 주변 지인에게 컵을 채워 넣어달라고 반드시 부탁해야 한다. 청소도 하루에 한 번은 필수다. 무인카페를 이용하는 손님들이 모두 깔끔히 공간을 사용하는 것은 아니다. 커피나 시럽을 흘린 자국은 물론 심지어 볼펜 잉크가 책상에 묻기도 한다. 필자는 사무실 바로 아랫층에 무인카페를 차려 자주 들러 청소할 수 있다. 아무리 무인매장이라고 해도 사람 손이 필요하다. 정확히 말해 사람이 관리할수록 좋다. 정기적인 관리인을 고용하지 않는 이상 무인카페를 혼자 운영하면서 장시간 여행을 떠나기는 어렵다.

3장

부업을 위한
19가지 마인드 세팅

"

'혁신'은 가죽을 벗겨 새로 만든다는 뜻이다. 더 나은 것으로 만드는
개선과는 강도가 다르다. 단편적이고 일반적인 문제 해결을 넘어
근본적이고 심층적인 문제를 해결할 때 '혁신'이라는 용어를 쓴다.
혁신을 위해서는 조심스러움보다 과감한 결단력이 필요하다.

"

01

사람을 움직이는 힘

망망대해에 돛단배 한 척이 있다. 그 배에 살아 있는 한 명이 타고 있다. 그런데 이틀째 배는 움직일 기미가 없다. 두 가지가 없기 때문이다. 무엇일까? 필자도 바다 한가운데 배에 타고 있다면 멘붕에 전신이 굳을 것 같다. 아무리 멋진 배라도 바다 위에서의 경험은 전무하다 보니 무서울 수밖에 없을 것이다. 돛단배가 움직이지 않는 것은 배에 탄 사람에게 목표와 확신이 없기 때문이다. 배에 아무리 성능 좋은 모터가 달려도 목적지가 없으면 움직일 수 없다. 파도에 떠밀려 어디론가 갈 뿐이다. 목표가 있더라도 그 목표를 향해 움직이는 원동력은 확신이다. 어딘가에 하와이와 같은 멋진 섬이 있을 거라는 명확한 확신이 있어야 그곳을 향해 움직일 것이다. 배에 돛이나 노가 없더라도 목표와 확신만으로 사람은 움직일 수 있다. 준비가 철저하다면 그 배에는 모터를 비롯해 다양한 기계장비가 있었을 것이다. 준비된 자만 우연한 기회를 잡을 수 있기 때문이다.

필자는 본업인 농사와 VR사업(디지트) 외에도 다양한 부업을 위해 여러 번 도전한다. 안정적인 월 천만 원 수익 목표와 갈수록 잘 되리라는 확신 때문이다. 목표는 각자가 원하는 삶의 방향대로 설정하면 된다. 다만 확신은 무조건적인 믿음으로 만들어지는 게 아니다. 다양한 작은 성공을 통해 자신이 생각한 대로 성과물이 나오는 과정이 반복되면 확신이 생긴다. 부업은 기본적으로 큰 리스크가 없다. 여러 번 시도해 작은 성공으로 느끼는 성취감과 더불어 확신을 갖자.

02

목표를 설정하는
과학적인 방법

목적(Goal)과 목표(Objective)는 비슷하면서도 다르다. 목적이 나아가야 할 대략적인 방향이라면 목표는 그 목적을 이루려는 실제 대상이다. 살빼기가 목적이라면 매일 1시간씩 조깅하기는 목표가 될 수 있다. 쉽게 말해 목표에는 구체적인 수치가 들어가야 한다. 이 책을 구매해 읽는 독자라면 '부업으로 원하는 만큼의 수익 창출'이 목표일 것이다. 이 목표를 구체적으로 설정하는 과학적 방법이 있다.

우선 자신이 필요로 하는 월수익을 구체적으로 계산할 수 있어야 한다. '많을수록 좋다'보다 구체적인 수치가 나와야 한다. 경영관리의 구루(Guru), 피터 드러커는 '측정할 수 없다면 관리할 수 없고 관리할 수 없다면 개선할 수도 없다'라고 말했다. 개선하려면 관리해야 하고 관리하려면 측정해야 한다는 삼단 논법이다. 구체적인 목표 설정을 위해서는 기본적으로 측정이 필요하다. 식비 월 95만 원, 자녀 학원비 월 60만 원, 월세 50만 원 등 구체적이어야 한다. 그렇게 수치화된 목표가 만들어졌다면 자신이 사용 가능한 시간을 적어보자. 부업은 큰 투자금으로 시작하는 경우는 적다. 무자본이나 적은 목돈으로 시작하는 경우가 많으므로 자신의 시간이 어느 정도 투입되어야 한다. 이것도 구체적으로 적어야 한다. 매주 월요일 오후 2시부터 오후 5시, 매주 토요일 오전 11시부터 오후 3시 이런 식이다. 매주 몇 시간이나 부업에 투자할 수 있는가? 그 시간은 부업을 운영하는 시간이 아니다. 부업을 기획, 운영, 관리하는 모든 시간이다. 고객관리 차원에서 한밤중에도 카톡으로 상담해주는 사람도 봤다. 부업도 사업이므로 구체적으로 자신과 약속한 시간 외에 일을 계속하면 지쳐 오래 지속하기 힘들고 높은 수준의 서비스를 계속 제공하기도 어렵다. 자신과 서비스 받는 고객을 위해서라도 무리하지 않는 부업시간을 설정해야 한다.

자신이 가진 능력을 생각해보자. 필자는 대학생 대상으로 강의를 많이 하다 보니 졸업 후 진로를 고민하는 친구를 많이 만났다. 20대가 되면 대부분 대학에 진학해 자신도 대학을 왔는데 막상 졸업을 앞두고 무엇을 해먹고 살지 고민이라는 것이다. 그래서 자신이 잘하거나 좋아하는 일을 물어보면 대부분 선뜻 대답하지 못한다. 맛있는 음식 먹기, 재미있는 영화 시청 등 콘텐츠를 소비하는 것도 좋다. 남들보다 10%라도 그 일에 진심이라면 그 자체로 콘텐츠를 만들어낼 수 있다. 맛있는 음식을 좋아한다면 먹방이나 맛집 소개 인터뷰도 좋고 영화를 정말 좋아한다면 영화 리뷰 채널이나 영화배우 인터뷰 채널을 운영해도 좋다.

100층 고층건물도 바닥 기반부터 잘 잡고 1층부터 지어야 한다. 100만 명 구독자를 보유한 유튜버도 주변 지인 열 명을 구독시키는 게 시작이었고 연매출 100억 원의 기업 대표도 10만 원짜리 외주 일이 시작이었다. 물론 유튜브 채널을 양도받거나 큰 기업을 물려받는 특별한 경우는 제외하면. 자신의 유아 시절, 기억나는 시점부터 현재까지 어떤 일을 해왔는지 나열해 그 일을 했을 때 감정이 어땠고 어떤 생각을 했는지 최대한 상세히 기록해보자. 분명히 반복되는 단어나 문장이 있을 것이다. 누구에게나 지하 100m에 넘쳐나는 금맥이 있다. 그것을 발굴하는 것은 자신의 몫이다. 나 자신은 내가 가장 잘 알기 때문이다. 어떤 능력이든 남보다 10%라도 더 잘하는 능력을 구체적으로 나열하자. 그 능력을 이용해 적더라도 온전한 수익을 내는 부업이 시작된다.

03

내가 하는 일을
사랑할 수 있는 힘

필자는 죽을 때까지 내가 좋아하는 일과 잘하는 일을 고민하며 다양한 시도를 해볼 생각이다. 건축학과 출신이라고 죽을 때까지 건축 일만 하다가 죽는다면 너무 억울하지 않은가? 시대를 초월하는 수학 난제를 푸는 능력이나 획기적인 기획력의 최고의 마케팅 능력을 가졌을 수도 있지 않은가. 대부분의 사람은 죽을 때까지 진정으로 자신이 좋아하는 일과 잘하는 일을 모를 수도 있다. 결국 지금 자신이 생각하기에 잘하는 일이란 경험해본 일 중에서 잘하는 일이다. 후회없는 인생을 위해 자신이 접해보지 않은 분야도 선뜻 접하는 과감함이 필요하다. 지금까지 한 일을 바탕으로 좋아하는 일과 잘하는 일을 찾았다고 가정해보자. 사람들은 보통 자신이 잘하는 일로 돈을 벌고 자신이 좋아하는 일에 돈을 소비한다. 매월 신용카드 소비 내역을 보면 자신이 무엇을 좋아하는지 반성(?)할 수 있다. 좋아하는 일과 잘하는 일의 관계는 매우 특수하다. 좋아하는 일은 잘하는 일로 발전할 가능성이 크지만 잘하는 일이라고 해서 좋아하는 일로 발전하기는 어렵다. 자신이 잘하는 일로 돈을 벌기 시작하면 대부분 그 일이 싫어진다고 하지 않는가. 하지만 진정한 프로라면 자신이 하는 모든 일을 사랑할 수 있어야 한다.

2005년 스탠포드대 졸업식 연설에서 스티브 잡스는 현실에 안주하지 말라며 다음과 같이 말했다. '… only way to do great work is to love what you do.' 위업을 달성하려면 당신이 하는 일을 사랑하라는 뜻이다. 보통 '자신이 사랑하는 일을 찾으세요'라고 해석하는데 더 정확히 해석하면 '자신이 하는 일을 사랑하라'라는 뜻이다. 하지만 그것에 안주하지 말라는 조언도 이어진다. 자신이 하는 일에 불만을 갖고 스트레스를 받는다면 다른 일을 해도 결과는 같을 것이다. 좋아하는 일, 잘하는 일은 죽을 때까지 계속 탐색하는 과정의 연속이다. 그 같은 일을 찾기 전에 지금 자신이 하는 일을 진정으로 사랑할 수 있어야 한다.

04

배움이 즐거울 수밖에 없는 이유

한국 학생들은 공부를 정말 열심히 한다. 대학 진학이 목표인 친구가 주변에 많을수록 그 같은 경향은 더 두드러진다. 다만 20대 초, 대학에 들어가는 순간 모든 게 끝난 듯 공부를 멀리하는 경우가 많다. 정확히 말해 20대부터 공부를 계속하는 경우와 그렇지 않은 경우로 극명히 나뉜다. 이 부분에 공감하지 못하는 사람도 많을 것이다. 자신 주변이 그같이 두 부류로 나뉘지 않기 때문이다. 그중 한 부류에 속하면 다른 부류 사람들을 만날 기회가 흔치 않다. 자신이 술을 좋아하면 술을 좋아하는 친구가 주변에 많듯이 자신이 공부를 좋아하면 계속 공부하는 친구가 주변에 많다. 여기서 말하는 공부란 미적분이나 선형대수학이 아니다. 배울 수 있는 모든 것이다. 사업가가 되면 돈이나 사람을 공부할 수 있고 마케터가 되면 SNS 채널과 세대별 유행어를 공부할 수 있다. 본업과 상관없는 부업을 하면 다른 분야 공부가 자연스럽게 된다. 그렇다면 왜 이렇게 계속 배워야 할까? 누구나 배움을 통해 기회를 포착하는 능력을 키울 수 있다. 아무리 좋은 기회가 있어도 이를 이해하고 준비가 되어 있어야 기회를 잡을 수 있다. 매년 신발 브랜드에서 새로운 디자인을 선보이듯 부업도 매번 새롭고 유행도 바뀐다. 무인독서실과 무인카페가 유행하다가 그 사이에 온라인 쇼핑몰이 유행하자 쇼핑몰 사업에 뛰어드는 친구들을 주변에서 볼 수 있었다. 유행을 탄 친구들은 어떻게 지낼까? 제대로 공부했던 친구들은 유행과 상관없이 지금까지도 잘 운영하고 있다. 유행하든 안 하든 항상 사업 아이템에 관심을 갖고 공부했다면 어떤 사업이든 안정적으로 운영할 수 있을 것이다. 같은 나무도 뿌리가 얼마나 튼튼히 뻗어 있느냐의 차이다. 인터넷 브라우저 활용법, 주변 환경을 깔끔히 정리하는 법, 맛집 찾아내는 법 등 모든 것에서 배울 게 있다. 배움을 통해 자신을 둘러싼 내적, 외적 구조를 새로운 시점에서 파악하는 통찰력을 키울 수 있다. 배움이 귀찮다면 본업이든 부업이든 모든 것을 운에 맡길 수밖에 없다.

05

말의 힘

인간 뇌세포의 98%는 말의 지배를 받는다고 한다. '말이 씨가 된다'라는 한국 속담을 보면 우리 조상님들이 얼마나 지혜로웠는지 알 수 있다. 주변에 습관처럼 욕을 입에 달고 사는 친구가 있는가? 그 친구가 현재 어떤 삶을 사는지 보자. 다행히 필자 주변에는 그 같은 친구가 없다. 반대로 항상 좋은 말만 하는 친구들은 어떤가? 상황을 낙관적으로 보고 무슨 일이든지 좋은 부분을 찾아내려는 사람은 이타적이고 이로운 생각을 주로 한다. 태도, 마음가짐, 사고방식 모두 말의 지배를 받는다. 자신이 그 같은 사람이 아니라면 그렇게 되도록 노력해야 한다.

습관적으로 자신의 목표를 말하고 자주 눈이 가는 곳에 목표를 적어보자. 말할 사람이 없다면 혼자 하루에 몇 번씩 되뇌이면 된다. 필자도 언제부터인가 다섯 문장이 적힌 목표 카드를 가지고 다녔다. 지금은 당연히 외울 정도가 되었고 10년 후가 기대되는 친구들에게도 하나씩 나눠주기 시작했는데 아직 다섯 장밖에 나눠주지 못했다. 그 내용을 소개한다.

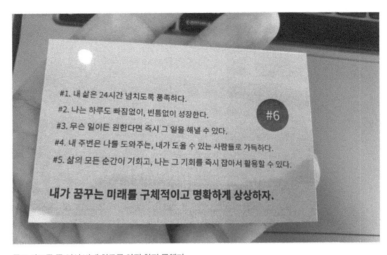

목표 카드를 줄 여섯 번째 친구를 아직 찾지 못했다.

#1. 내 삶은 24시간 넘치도록 풍족하다.

#2. 나는 하루도 빠짐없이 빈틈없이 성장한다.

#3. 무슨 일이든 원한다면 즉시 그 일을 해낼 수 있다.

#4. 내 주변은 나를 도와주는, 내가 도울 수 있는 사람들로 가득하다.

#5. 삶의 모든 순간이 기회이고 나는 그 기회를 즉시 잡아 활용할 수 있다.

'목표 카드'라고 이름지었지만 사실 방향성을 제시하는 '목적'이 적혀 있다. 목표는 수치화해야 한다고 말했다. 그래서 올해 목표를 수치화해 스마트폰 배경으로 만들어 놓았다.

충분히 크게 생각하기

#1. 디지트 유튜브 구독자 수 10만 명 달성 시 촬영 및 편집자 한 명 영입

#2. 디지트 인스타그램 팔로워 3만 명 달성 시 콘텐츠 담당자 한 명 영입

#3. 6개월 연속 소극적 소득 1천만 원 달성 시 마케터 한 명 영입

#4. 6개월 연속 소극적 소득 2천만 원 달성 시 기부활동 시작

#5. 6개월 연속 소극적 소득 5천만 원 달성 시 재단 설립

매일 눈에 보이는 시각화된 단계별 목표

1, 2번 목표보다 3번 목표를 먼저 이뤄 지난 달 마케터를 한 명 영입했다. 게다가 우연한 기회에 책도 쓰게 되었으니 너무나 영광이다. 각자 생각한 목표가 있다면 어딘가에 적어 하루에 한 번은 보고 읽자.

06

기차와 자동차의
근본적인 차이

기차와 자동차는 교통수단이라는 공통점이 있지만 그 외에는 대부분 다르다. 기차는 정해진 경로(궤도)로만 이동할 수 있고 정해진 시각에 약속된 장소(역)에 도착한다. 날씨 등 외부 영향을 거의 받지 않아 정체도 많이 발생하지 않는다. 자동차는 도로만 있으면 어디든지 갈 수 있고 꼭 시간에 맞춰 들러야 할 곳도 없다. 기차를 타면 한숨 자거나 독서할 수도 있다. 기관사 덕분에 편하게 목적지에 도달할 수 있는 반면, 자신이 자동차를 운전한다면 노래 듣기 외에는 다른 일을 할 수 없다. 항상 감각을 날카롭게 유지한 채 사고가 나지 않도록 페달질을 해야 한다. 요즘은 지하철, 버스 등 대중교통이 편리해 필자는 독서해야 할 때 대중교통을 이용하는 편이다. 이번 장에서 대중교통이 편하다는 말을 하고 싶은 것이 아니다.

회사를 다니는 직장인이라면 매일 출퇴근하며 기차와 같은 삶을 산다. 정해진 길을 따라 정해진 시각에 역에 도착해야 하는 기차와 같이 자신이 유동적으로 바꿀 수 있는 부분은 제한적이다. 반면, 사업하는 사람은 언제든지 원하는 곳으로 이동하는 자동차와 같이 자유롭다. 직장인이더라도 부업을 한다면 근무시간에는 기차처럼 정해진 곳을 가겠지만 그 외 시간에는 자유롭게 원하는 곳으로 갈 수 있다. 기차에 있던 드론이 근무시간이 끝난 후 '슝' 날아올라 어디론가 가듯이.

07

모호해지는 직업의 의미

약 200만 년 전 구석기 시대에서 신석기 시대로 발전하기까지 약 199만 년이 걸렸다. 그 긴 시간 동안 인류의 조상은 돌을 갈아 날카롭게 만들 생각조차 못했다. 미래학자이자 컴퓨터 과학자인 레이몬드 커즈와일은 '수확가속의 법칙(The Law of Accelerating Returns)'에서 10년마다 발전 비율은 배가 된다고 주장했다. 그는 20세기 통틀어 발생한 발전이 1980~2000년 사이에 일어난 발전과 비슷할 것으로 추측했다. 21세기 인류의 발전은 20세기 인류의 발전의 1,000배에 달할 거라는 게 그의 주장이다. 강산은 10년이 지나야 바뀌지만 세상은 1년만 지나도 여러 번 바뀐다.

직업은 사라지거나 새로 생기기도 한다. 변호사, 의사, 건축사 등은 오랜 역사의 직업이지만 앱 개발자, 유튜버는 최근 새로 생긴 직업이다.

300년 전, 아니 30년 전으로 돌아간다면 앱 개발자나 유튜버를 어떻게 소개해야 할까? 현재 자신이 몸담은 직업이 순식간에 사라질 수도 있다. 이에 대비해 다양한 사업을 미리 경험할 필요가 있다. 부업으로 다양한 분야의 사업을 찍먹해볼 수 있는 것은 무척 매력적이다.

08

불안정해도
불안하지 않은 방법

직장인들은 대부분 안정적인 급여를 받는다. 사업을 운영하는 입장에서는 급여든 업무든 안정적이기 쉽지 않다. 불안정과 불안은 다르다. 사업을 한다면 불안정을 불안이 아닌 재미있는 요소로 생각할 수 있는 긍정적인 힘이 있어야 한다. 물론 무계획적인 불안정은 불안의 씨앗이 되기도 한다. 이는 부업도 마찬가지다. 어떤 부업을 하든 수입이 일정하지 않고 불안정할 경우가 많다. 이를 해결할 방법은 두 가지다. 첫째, 부업을 여러 개 하는 것이다. 부업이 한 개일 때 월 수입이 -10~20만 원이라고 가정하자. 거기에 -5~30만 원 부업과 -5~20만 원 부업까지 한다면 합산해 -20~70만 원이다. 최악의 경우, 20만 원을 잃을 수 있지만 70만 원을 벌 수도 있다는 뜻이다. 예상수입의 기댓값은 그 평균인 25만 원이다. 여러 개의 부업을 하면서 마이너스가 큰 일은 적게, 플러스가 큰 일은 많이 하도록 조절하면 기댓값을 높일 수 있다. 세 가지 부업을 한다면 전체적으로 모든 부업을 플러스로 만들 노하우까지 생긴다. 하지만 부업을 준비하는 입장에서 이 조언은 비현실적으로 들릴 수 있다.

불안을 없애는 두 번째 방법은 지출을 최소화하는 것이다. 직원이 한 명인 연매출 1억 원 사업과 직원이 열 명인 연매출 10억 원 사업 중 불안정 정도는 전자가 덜하다. 물론 확신이 있고 앞으로 나아갈 명확한 목표가 있다면 후자의 사업도 좋지만 이제 막 부업을 시작하는 단계에서 굳이 모험할 필요는 없다. 수입이 적더라도 지출이 매우 적으면 수입이 불안정하더라도 불안하지 않다. 인건비가 들지 않는 무인사업, 임대료가 적거나 없는 사업, 매입이 적은 사업이 그 예다. 처음에는 욕심부리지 말고 불안하지 않도록 지출을 최소화할 방법을 찾아보자.

09

나를 복제하는 방법

누구나 고되고 바쁜 하루를 지내다보면 '내 몸이 두 개라면 좋겠다'라고 생각한 적이 있을 것이다. 놀랍게도 나를 복제하는 방법은 여러 가지다. 실제로 육신이 복제되는 것은 아니지만 원하던 복제가 충분히 가능하다. 내가 복제된다면 훌륭한 강사와 회사대표, 마케터의 임무를 동시에 수행할 수 있다. 도대체 어떻게 복제할까?

세계 인구를 몇 명으로 기억하는가? 당근송과 어깨를 나란히 하던 숫자송이 있다. 인터넷에서 찾아보니 숫자송은 2003년 공개된 창작동요라고 한다. 필자가 1989년생이니 필자가 중학생 때 나온 노래다. 그 동요에 '60억 지구에서 널 만난 건'이라는 가사가 있다. 숫자송을 흥얼거렸던 필자의 동년배들은 모두 세계 인구를 약 60억 명으로 알고 있을 것이다. 놀랍게도 2022년 기준 세계 인구는 79억 명이다. 세상에서 가장 부유한 인물 중 한 명인 일론 머스크도 그중 하나다. 79억 명 중에서 일론 머스크를 만나본 사람은 몇 명이나 될까? 일론 머스크의 실제 몸은 하나이지만 그의 인터뷰, 저서, 에세이 등으로 접하는 사람은 수십억 명일 것이다. 실제로 만나 악수하지 못해도 그의 생각을 텍스트나 미디어에서 접할 수 있다. 사람들이 유명인을 만나 싸인을 받으려는 것은 실제로 만난 특별한 경험을 기록하고 싶어서일 것이다.

오프라인 강의로 학생 세 명에게 강의한다고 가정하자. 강의 내용을 녹화해 온라인 동영상 플랫폼으로 강의를 공유하면 수천 명에게 똑같은 내용의 강의가 전달된다. 물론 현장감은 덜하겠지만 전달되는 강의 내용이 다르진 않다. 온라인 강의라면 오히려 일시 정지, 배속 등의 기능을 활용해 자신에게 맞춰 수강할 수 있다. 전자책으로 자신의 노하우를 공유한다고 가정해보자. 약 일주일가량 시간을 들여 전자책을 만들어 판매하면 수 년 동안 받을 인세를 받을 수 있다. 텍스트, 이미지, 동영상으로 제작한 콘텐츠는 두고두고 써먹을 수 있다. 현재는 유튜브, 인스타그램, 크몽 등의 플랫폼이 있지만 미래에 어떤 플랫폼이 나올지 모른다. 플랫폼이 바뀌더라도 콘텐츠는 바뀌지 않는다. 그 플랫폼 양식에 맞게 끼워 맞추기만 하면 된다. 적은 노동으로 최대 효과를 올리려면 '나를 복제하는 방법'을 이해하고 실행할 수 있어야 한다.

10

인지적 잔여물을 없애는
한 가지 방법

텍사스주립대 심리학과 연구진의 연구 결과에 따르면 인간은 하루에 약 16,000개의 단어를 말한다고 한다. 퀸스대 조던 포팽크 박사팀의 연구에 의하면 인간은 하루 평균 6,200번 생각한다고 한다. 하나의 생각이 끝나고 다른 생각이 시작되는 시점을 센 결과다. 하루 8시간 수면한다면 1분당 약 6.5번 생각이 전환되는 것이다. 연구 결과를 보면 인간은 할 말도 많고 생각도 많은 동물 같다. 평소 머릿속이 복잡한 사람들은 허둥지둥대면서 일 마무리가 안 된다. 그들은 머릿속에 인지적 잔여물(Cognitive Residue)이 많다. 처리해야 할 일들을 계속 미루면서 막상 일을 마무리짓지 못한다. 마감기한이 있으면 물론 처리하겠지만 기한이 없는 일이라면 평생 그들의 머릿속 잔여물로 남을 수도 있다. 인지적 잔여물을 없애는 방법은 한 가지다. 지금 즉시 처리할 수 있는 일이라면 바로 처리하고 그렇지 못한 일이라면 마감기한을 정확히 지켜 처리하는 것이다. 머릿속 인지적 잔여물이 없어야 6,200번 생각 중 대부분을 필요한 생각으로 채울 수 있다. 최악의 경우, 인지적 잔여물만으로 6,200번의 생각이 채워질 수도 있다. 생각만 해도 비극이다. 그날 처리해야 할 일이라면 즉시 처리하는 부지런함을 떨어야 좋은 계획과 생각이 들어올 여지가 생긴다.

인지적 잔여물을 즉시 처리해야 하는 이유가 하나 더 있다. 모든 생각과 계획은 네트워크 형태이므로 반드시 선행업무를 마쳐야만 뒤따르는 업무가 생기는 경우도 있다. 미룬 업무를 처리해야 그에 뒤따르는 업무가 구체화되어 또 처리할 수 있다는 뜻이다. 게임에서 선행 미션을 깨야만 다음 단계의 미션을 수행할 수 있는 것과 같다. '수납장 정리하기' 미션 후 '바닥 빗자루질하기'와 '바닥 걸레질하기' 미션이 생기듯 말이다.

11

완벽주의의
완벽한 완패

세상에 완벽한 사람은 없다고 평소 필자는 생각한다. 누구나 실수하고 실패하며 그것을 어떻게 받아들이느냐에 따라 삶의 태도가 바뀐다. 승리하면 조금 배울 수 있고 패배하면 모든 것을 배울 수 있다. 전설적인 메이저리그 투수 크리스티 매튜슨의 말이다. 그는 1963년 메이저리그 '명예의 전당'에 처음 헌액된 퍼스트 파이브 중 한 명이다. 모든 게 완벽할 것만 같았던 그도 패배에서 많은 것을 배웠음을 알 수 있다.

실수나 실패에서 비롯된 발명품도 많다. 스코틀랜드 생물학자 플레밍은 실수로 포도상구균 접시를 배양기에 넣지 않았는데 우연히 아래층에서 연구하던 곰팡이가 날아들어 실험은 망쳤지만 페니실린을 발견한 일화는 유명하다. 그렇게 망친 실험을 나중에 다시 보니 푸른곰팡이가 세균을 녹인다는 사실을 발견했기 때문이다. 후대에 플레밍은 페니

실린 발견으로 약 8,200만 명의 생명을 살렸다.

1894년 미국 미시건주 한 요양원에서 급식을 만드는 과정에서 실수가 발생했다. 요리 중이던 형제는 옥수수와 밀을 섞어 반죽을 만들다가 요양원 압출기에 문제가 있다는 호출을 받고 자리를 비웠다. 다시 돌아와보니 반죽은 이미 말라 푸석해져 있었다. 요양원 예산이 빠듯해 할 수 없이 말라버린 반죽으로 계속 작업해 나갔다. 압출기에 들어간 반죽은 조각(flake)이 되어 나왔는데 그때 형제는 이 조각들을 구워보자는 아이디어를 냈다. 켈로그(Kellogg) 형제의 콘플레이크는 그렇게 시작되었다. 이 외에도 실수나 실패에서 비롯된 발명품은 수없이 많다.

100여 개 회사를 창업해 운영한 빌 그로스는 TED 강연에서 스타트업의 성공 요인 다섯 가지를 다음과 같이 제시했다. 아이디어, 팀, 비즈니스 모델, 자금조달, 타이밍. 그는 그중에서 아이디어가 성공의 가장 큰 요인이라고 말했다. 그는 200여 개 스타트업의 성공과 실패 사례를 분석했고 이 다섯 가지 중 타이밍이 스타트업의 성공을 결정짓는 데 42%의 가장 큰 영향력을 가진 것으로 밝혀졌다. 완벽을 추구하다가 일 진행이 더딘 사람들이 있다. 너무 완벽을 추구하다가 서너 번 시도할 기회를 놓칠 수도 있다. 상위 1% 상품을 만드는 데 10년이 걸리지만 상위 20% 상품을 만드는 데는 1개월이 채 안 걸릴 수 있다. 타이밍을 놓치면서까지 완벽을 추구하는 것은 현명하지 않다. 필자는 수많은 실패를 하기 위해 더 많은 도전을 한다.

12

영업은 농부처럼

완두콩은 병충해에 강하고 저절로 잘 자라 재배하기에 정말 쉬운 품종이다. 3월 중순 파종하면 약 2주 후 완두콩 싹이 나온다. 거기서 2주를 더 기다리면 꽃이 피기 시작한다. 꽃에서 꼬투리가 열리기 시작하면 제법 완두콩 형태로 자라기 시작한다.

결과적으로 파종한 지 3개월 후 수확한다. 완두콩 두세 알이 수십 개의 완두콩으로 자라기까지 3개월이 걸린다. 완두콩을 수확하면 토양에 유해물질이 쌓이므로 적어도 4~5년은 연작이 불가능하지만 이렇게 짧은 시간에 수십 배로 불어나는 상품이 또 있을까? '투자의 대가' 워렌 버핏도 1965년부터 2014년까지 연평균 주식투자 수익률은 21.6%라고 한다. 완두콩은 수익률로 치면 수천 %다.

영업은 농부의 마음으로 해야 한다. 처음 완두콩을 파종한 후 한 달

동안은 꼬투리를 보기 힘들다. 어떤 일이든 초기에 성과를 보기 힘든데 영업은 더 그렇다. 여유를 갖고 많은 사람을 만나다 보면 자연스럽게 좋은 성과가 하나둘 생긴다. 완두콩은 한 번 수확하면 끝이지만 인간은 죽을 때까지 좋은 관계를 유지하며 필요한 도움을 주고받을 수 있다.

　영업 방식은 사람마다 다르다. 어떤 상품과 서비스를 누구에게 알릴지, 어떤 전략을 취할지 각자 영업 방식이 있다. 필자는 사업을 시작한 지 9년째다. 수천억 원의 매출을 올리진 못했지만 나름 적당한 수익을 내가며 살고 있다. 소주 한 잔도 못 마시는 필자를 모두 의아해한다. 술도 안 마시고 어떻게 영업하냐고 묻는다. 술을 못 마시고 커피나 가벼운 식사를 좋아해 외부 미팅은 보통 카페나 맛집에서 한다. 자연스럽게 저녁에는 미팅 약속을 잡지 않고 그때 관심이 있는 분야의 공부를 한다. 저녁 약속이 없으니 자연스럽게 적은 영업비로 사업 운영이 가능하다. 자연스럽게 필자 주변에는 술을 싫어하고 카페나 맛집을 좋아하는 사람들로 가득해진다. 그중 필자가 운영하는 사업과 연관된 사람이 있다면 자연스럽게 일로 연결된다. 반드시 술을 마셔야 사업할 수 있는 건 아니다. 이렇듯 각자의 영업 방식이 있다. 전혀 생각하지 못한 방법으로 영업 기반이 닦이기도 한다. 네이버 카페를 운영하며 생긴 필자의 인연도 좋은 영업 라인이 된 셈이다. 단순히 사람들을 만나 이야기하고 생각을 공유하는 게 좋았을 뿐인데 우연히 영업 기반이 마련된 셈이다. 영업은 농부가 농사짓는 마음으로 욕심내지 않고 차분히 접근해야 한다.

13

경쟁과 협력은
한 끗 차이

삼성과 애플을 모르는 사람은 찾아보기 어렵다. 2007년 스티브 잡스가 아이폰을 공개한 후 스마트폰은 우리 일상에 자리잡았다. 2022년 1분기 기준 세계 스마트폰 시장점유율은 삼성과 애플이 각각 23%와 18%다. 이 두 기업을 대표적인 경쟁업체로 보는 경향이 있다. 두 기업은 경쟁사인 동시에 협력사다. 삼성전자, 삼성전기, 삼성SDI는 OLED디스플레이, 카메라 렌즈, 적층 세라믹콘덴서(MLCC) 등을 애플에 공급한다. 이 세 삼성 계열사가 없었다면 애플은 현재와 같은 훌륭한 기기를 만들지 못했을 것이다. 100년 이상 광고에서도 싸우는 코카콜라와 펩시도 경쟁사인 동시에 협력사다. 둘 중 하나라도 없었다면 다른 브랜드가 현재와 같이 유명해질 수 있었을까?

경쟁의 반댓말은 협력일까? 경쟁은 같은 목적 달성을 위해 서로 겨루는 것이다. 협력은 여러 명이 같은 목표를 공유하며 힘을 합쳐 활동하는 것이다. 사전적 정의는 다음과 같다. '경쟁의 반댓말은 동의, 독점이고 협력의 반댓말은 분열, 내분이다.' 동전의 양면처럼 두 개념은 공존한다. 새로운 관점에서 접근하면 경쟁의 바다 위에 띄워진 협력이라는 크루즈선을 생각할 수 있다.

건축학과를 졸업하면 대부분 건축설계사무소에 취업한다. 몇 년 경력을 쌓고 건축사를 취득해 직접 건축설계사무소를 차릴 수 있다. 한 해에도 천여 명의 건축사가 배출되니 매년 수백 개의 설계사무소가 개업한다고 볼 수 있다. 필자도 건축설계사무소에 취업했다면 그들과 같은 건축사가 되어 경쟁했을 수도 있지만 IT개발로 약간만 방향을 틀어 건축설계사무소나 시공사에 필요한 IT콘텐츠를 기획, 개발하고 있다. 순식간에 동기, 선후배와 경쟁이 아닌 협력을 하게 된 셈이다. '차량'이라는 콘텐츠를 보면 현대자동차와 폭스바겐은 경쟁사이지만 모든 자동차 제조사와 타이어 제조사는 협력관계다. 장사가 잘되는 점포를 보고 가까운 데 똑같은 아이템으로 점포를 여는 경우가 많다. 그렇게 파이 나눠 먹기 식으로 싸우기보다 그 점포와 협력할 수 있는 아이템을 생각해보는 건 어떨까?

14

조합의 힘

'한 인간에게는 작은 한 걸음이지만 인류에게는 위대한 도약이다' 1969
년 아폴로 11호를 타고 달 착륙에 성공한 닐 암스트롱(Neil Armstrong)
의 말이다. 달 표면에 찍힌 인간의 발자국이 오늘날 과학기술 발전을 대
표하는 이미지가 되었다. 같은 해 한국은 최초의 고속도로인 경부고속
도로가 건설되었고 미국은 보잉 747을 개발했다. 참고로 애니메이션
'검정고무신'의 배경은 1969년이다. 국내외로 과학기술 발전이 시작되
고 무르익던 시기임은 분명하다. 일상에서 없어선 안 될 발명품 중 하
나인 바퀴는 언제 발명되었을까? 바퀴의 정확한 기원은 찾아보기 힘들
지만 기원전 3,500년경 메소포타미아 유적에서 발견된 전차용 나무바
퀴를 기원으로 본다. 그후 바퀴는 다양한 재료를 만나 인간생활에 필요
한 도구의 역할을 했다. 그로부터 한참 지난, 인류가 달에 발을 디딘 이
듬해인 1970년 버나드 섀도(Bernard Shadow)는 구르는 짐(Rolling

Luggage)이라는 특허를 출원했다. 그 특허로 만든 제품이 오늘날의 여행용 가방이다. 바퀴와 짐가방이 발명된 지 한참 지나서야 인류는 이 둘을 합쳐볼 생각을 했다.

손목시계(Wrist Watch)는 태엽으로 구동되는 시계(Clock)가 발명된 지 5세기가 지난 후에야 발명되었다. 손목시계는 19세기 말, 군인들이 전쟁 도중 회중시계(Pocket Watch)를 갖고 다니며 시간을 확인하기 힘들어 손목에 차고 다닌 데서 비롯되었다. 손목시계는 팔찌와 회중시계를 조합한 상품이다. 이같이 두 가지 이상의 개념을 조합하면 그 자체로 브랜드나 상품이 되기도 한다. 오리와 같은 부리에 수달과 같은 몸, 비버와 같이 넓은 꼬리를 가진 오리너구리는 오리와 너구리를 합쳐 브랜드가 되었다. 물론 오리너구리가 바라진 않았겠지만 '오리너구리과'로 분류되어 특별한 취급을 받는다. 상관없어 보이는 두 가지 이상의 개념을 조합해 새로운 것을 만드는 사고실험을 하다 보면 훌륭한 사업 아이템을 발굴할 수도 있지 않을까?

15

인생은 사다리타기

현재 풍토병이 된 코로나 바이러스는 2019년 말부터 현재까지 전 세계적으로 수많은 감염자와 사망자를 기록 중이다. 한국에 본격적으로 바이러스가 퍼지기 시작한 2020~2021년 많은 사업가는 공포에 떨 수밖에 없었다. 바이러스 자체도 무섭지만 그보다 얼어붙은 시장경제 상황이 더 무서웠다. 특히 노래방, PC방, 식당 등 다중시설은 사업 영위조차 버거웠다. 소상공인에게 영업제한 조치는 기약없는 절망이었다. 보통 무슨 일이든 자기만 정신 바짝 차리고 중심을 잡으면 흔들리지 않을 거라고 생각하지만 불가피한 외부 요인으로 계획에 차질이 생기는 경우가 많다. 자신이 유일하게 100% 모두 소유하고 원하는 대로 통제할 수 있는 것은 자신뿐이다. 세상에 혼자 모든 걸 다 하는 일은 거의 없다. 사업도 주변 환경의 영향을 많이 받는다. 그 환경도 때에 따라 사업에 좋거나 나쁠 수 있다. 바람을 느끼려면 가만히 서있으면 된다. 약한 바람이 불거나 센 바람이 분다. 바람을 느끼고 싶다고 무작정 달리면 곧 지치기 마련이다.

인생은 사다리타기다. 필자의 아버지가 운영 중인 블로그에 있는, 항상 필자에게 해주시는 말씀이 있다. 사다리타기 게임의 규칙은 간단하다. 아래로 선을 따라 내려가며 교점을 만날 때마다 방향을 바꾸는 것이다. 다만 누군가가 선 한두 개를 그어 결과가 달라지기도 한다. 사다리타기 게임을 진행하는 동안에도 결과를 알 수 없다는 뜻이다. 인생이 어느 방향으로 흘러갈지 예측할 수 없듯이 사업도 마찬가지다. 너무 경직되고 한 가지만 고집하면 부러지기 쉽다. 예상하지 못한 상황에 부딪히면 융통성 있게 유연하게 대처하는 여유와 지혜를 갖자.

16

새로운 아이디어가
떠오르는 순간

네이버 검색창에 '뭐'라는 글씨만 쓰면 '뭐 검색하려고 했지'가 자동으로 완성된다. 생각하려던, 말하려던 내용이 갑자기 떠오르지 않을 때가 있다. 친구들과 이야기하다가도 무슨 말을 하려고 했는지 까맣게 잊을 때가 있다. 그때 억지로 생각하면서 답답한 마음에 스트레스 받은 경험이 누구나 있을 것이다. 친구들과 대화를 이어가다가 한참 후에야 수면 위로 오리너구리가 떠오르듯 잊었던 내용이 문득 생각나기도 한다. 인간 뇌의 무게는 체중의 3%에 불과하지만 신체 에너지의 약 20%를 소비한다. 뇌과학은 우주과학과 같이 탐구할 수 있는 영역이 아직도 많이 남아 있다. 어떤 생각이 갑자기 떠오르지 않는다면 의도적으로 다시 생각해내려고 하지 말고 휴식하거나 아예 다른 생각을 해야 한다. 뇌 스스로 찾아내도록 여지를 주는 것이다. 그러면 뇌는 열심히 서랍을 뒤져 필요한 데이터를 즉시 찾아낼 것이다.

신발끈을 묶으려면 어딘가에 자리를 잡고 멈춰야 하듯이 창의적이고 신선한 아이디어를 떠올리려면 뇌도 휴식해야 한다. 몸이 휴양지에 있다고, 휴식시간이라고 뇌가 휴식할 수 있는 건 아니다. 독서나 샤워할 때, 햄버거를 먹거나 멍하니 앉아 있을 때 뇌는 휴식한다. 자신이 어떤 상황에서 새롭고 창의적인 생각이 많이 떠오르는지 알아야 한다. 필자는 독서할 때 생각이 정리되고 새로운 아이디어가 떠오른다. 어쩌면 생각을 정리하기 위해 책에 붙어 있는 활자에 눈을 두는 것일 수도 있다. 그래서 항상 볼펜과 이면지를 옆에 두고 책을 읽는다. 적을 종이가 없으면 책 여백에 글씨와 그림을 그릴 때도 있다. 떠오르는 아이디어는 놓치면 안 된다. 죽을 때까지 단 한 번만 떠오르는 생각이더라도 그것이 대박사업 아이템이 될지 누가 알겠는가?

17

소비와 투자의 차이

소득을 늘리고 지출을 줄이면 목돈은 자연스럽게 만들어진다. 소득보다 지출이 크다면 말 그대로 마이너스 인생을 살게 된다. 목돈 마련을 위해서는 소득을 늘리거나 지출을 줄이거나 두 가지를 동시에 해야 한다. 그중 지금 당장 할 수 있는 것은 지출을 줄이는 것이다. 지출 줄이기는 마음만 먹으면 정말 쉽다. 불필요한 것을 사면 곧 필요한 것을 팔게 된다. 워렌 버핏의 말이다. 필요하지 않지만 단순히 구매를 원하는 물건은 사지 않고 필요한 물건만 사면 된다. 생각보다 사람들은 '필요'라는 단어를 경시하는 경향이 있다. 필요는 반드시 있어야 할 때를 말한다. 지출을 줄이려면 팥빙수보다 아메리카노, 노래방보다 스터디카페, 맥북보다 저가 노트북을 구매해야 한다. 사실 아메리카노와 스터디카페, 저가 노트북도 원하는 것이지 필요한 것은 아니다. 목이 마르면 편의점에서 물을 마시면 되고 심심하면 공원을 산책하면 되고 노트북이 필요하면 구청에서 빌려주는 노트북을 사용해도 된다. 원하는 것과 필요한 것을 칼같이 구분해야 한다.

투자는 사업 운영에 도움이 되거나 추후 투자금 이상으로 가치창출이 되는 것이다. 그 외 비용은 모두 소비다. 필자는 최근 오픈 마켓을 통해 맥북을 신상품으로 구매했다. 이것은 투자일까? 구매한 맥북을 어떻게 사용하느냐에 달렸다. IT회사를 운영하면서 맥북 운영체제에서도 프로그램이 잘 돌아가는지 주기적으로 확인해야 하고 고객에게 시연하는 용도로 사용한다. 맥북 가격 이상의 가치를 뽑아낼 수 있어 투자라고 볼 수 있다. 물론 친구의 맥북을 잠시 빌려도 되지만 일주일마다 두 번씩 주기적으로 빌리기에는 친구관계가 멀어질 수 있고 노트북을 빌리러 가는 시간 소모가 더 클 것이다. 중고거래 플랫폼에서도 구매할 수 있었지만 소득공제 혜택을 받으려고 오픈마켓에서 구매했다. 이렇게 상품과 서비스를 구매하기 전에 명확한 계획이 선다면 구매해도 좋다.

소비는 나쁜 것이 아니다. 모두 돈을 버는 것은 소비하기 위해서다. 자녀 교육비, 집 월세, 부모님 용돈 등이 소비의 예다. 후원금이나 기부금도 소비 내역에 포함된다. 투자와 소비를 명확히 구분하기는 어렵다. 소비하더라도 투자에 가까운 소비라면 과감히 지불해도 좋다.

18

큰 지출은 적극적으로,
작은 지출은 소극적으로

패턴은 반복되는 디자인이나 규칙성이 확인되는 추상적 개념이다. 어린 시절, 엄마 옷에 있던 새 모양의 체크무늬만 패턴인 것은 아니다. 과거 데이터를 참고해 공식을 만들면 향후 데이터를 예측할 수 있다. 이때 만들어지는 공식이 패턴이다. 자신의 지출을 정확히 파악하고 싶다면 장기간 가계부를 써야 한다. 필자는 2016년부터 본격적으로 가계부 작성을 시작했다. 그 가계부에서 나름 패턴을 발견해 매년 지출 습관을 개선하고 있다. 패턴을 통해 큰 지출은 과감히, 작은 지출은 한 번 더 생각하는 습관이 생겼다. 그 달 전체 매출의 50%는 그 달 값이 큰 상위 세 개 항목의 합이었다. 어떤 달에는 스피커, 테이블, 노트북을 구매했다. 그 다음 달에는 아이패드와 선물세트를 구매했고 자격증 학원비로 냈다. 지금은 50%까지는 아니지만 세 개 항목의 합이 전체의 약 30%에 달한다.

큰 소비를 과감히 결정하는 이유는 두 가지다. 대부분 정말 필요한 아이템이거나 중고로 판매해도 제 값을 받을 수 있는 기자재인 경우다. 비용이 크면서 쓸모 없는 제품인 경우는 드물다. 큰 소비는 기억에 남는 경험인 경우가 많다. 친구나 가족에게 좋은 선물을 해주거나 직원과 함께 기억에 남을 맛있는 음식을 먹는 경우다. 작은 소비는 항상 무섭다. 당연히 소극적일 수밖에 없다. 티끌모아 태산은 힘들지만 티끌모아 한 줌은 어렵지 않다. 작은 소비가 모이면 지출에서 꽤 유효타를 날릴 수 있다. 보통 작은 소비는 큰 고민없이 결정하는 경우가 많은데 이를 경계해야 한다. 게다가 기억에 별로 남지 않는 경우도 많다. 기왕이면 티끌모아 만든 한 줌으로 기억에 남는 지출을 하자. 이유없이 비싼 것은 있을 수 있지만 이유없이 저렴한 것은 없다. 현명한 소비로 목돈을 만들어 사업자금을 만들어보자.

19

나를 바꾸는
가장 쉽고 빠른 방법

같은 여우도 지역에 따라 생김새가 다르다. 오랜 기간 환경에 맞춰 살아가기 위해 적응한 결과다. 사막여우는 마른 몸과 큰 귀를 갖고 있다. 길쭉하고 큰 귀로 열을 방출한다. 반면, 북극여우는 추위에 견디기 위해 몸에 두터운 지방층을 두르고 있다. 귀도 작아 열 방출을 최소화한다. '산은 산이오, 물은 물이로다'로 유명한 티벳여우는 사막과 북극 사이 어딘가에서 깨달음을 얻은 모습으로 생겼다.

필자가 운영하는 IT회사는 직원을 채용할 때 구직자에게 반드시 묻는 질문이 있다. 주변의 가장 친한 세 명의 이름을 대고 그들의 공통점 세 가지를 물어본다. 세 명의 친구 이름을 대고는 잠시 생각할 시간을 갖는다. 그들의 공통점을 찾는 데는 1분이 채 걸리지 않는다. 워낙 친해 공통점 찾기가 어렵지 않을 것이다. 그 세 가지 공통점은 곧 자신의 특징이다. 구직자가 어떤 사람인지 쉽게 알 수 있는 질문이다. 그만큼 인간을 비롯한 모든 생물은 주변 환경의 영향을 받는다.

어제와 똑같이 살면서 다른 미래를 기대하는 것은 정신병 초기 증세다. 아인슈타인의 말이다. 나를 바꾸려면 나를 둘러싼 주변 환경을 바꿔야 한다. 주변 환경 중 바꿀 수 없는 한 가지는 가족뿐이다. 고 이건희 삼성그룹 회장이 '모든 걸 다 바꿔라'가 아니라 '마누라와 자식 빼고 다 바꿔라'라고 말한 이유다. 주변 환경 중 자신이 의식을 갖고 가장 쉽게 바꿀 수 있는 것은 인간관계다. 즉, 나를 바꾸려면 인간관계의 혁신이 필요하다.

'혁신'은 가죽을 벗겨 새로 만든다는 뜻이다. 더 나은 것으로 만드는 개선과는 강도가 다르다. 단편적이고 일반적인 문제 해결을 넘어 근본적이고 심층적인 문제를 해결할 때 '혁신'이라는 용어를 쓴다. 인간관계의 혁신을 위해서는 조심스러움보다 과감한 결단력이 필요하다.

아마존 창업자 제프 베조스의 롤모델은 워렌 버핏이다. 워렌 버핏의 롤모델은 척 피니다. 척 피니는 빌 게이츠의 롤모델인데 자기 재산의 99%를 기부한 것으로 유명하다. 누구에게나 롤모델은 있다. 인생의 나침반인 당신의 롤모델은 누구인가? 그 롤모델 주변에는 누가 있는가? 자신도 그같이 되길 바란다면 과감한 결단으로 인간관계를 혁신해야 한다.

누구나 열정만 있다면
적은 돈으로 시작할 수 있다.

이 책은 누구나 목표와 의지만 있다면 시작할 수 있는 부업 여덟 가지를 소개했다. 책을 여기까지 읽었다면 이제 둘로 나뉠 것이다. '아, 이런 부업들도 있구나'라며 생각만 하고 친구들과 대화 소재로만 활용하는 사람, 당장 부업전선에 뛰어들기 위해 목표를 적기 시작하는 사람. '시작이 반'이라고 했다. 일단 시작했다면 그 자체로 의미가 있다. 해마다 신기술이 쏟아져 나오고 매달 새로운 상품과 서비스가 출시된다. 열심히 노력하면 현상유지는 가능하지만 피나는 노력을 해야만 앞서 나갈 수 있다. 평소 새로운 것을 두려워하지 않는 마음으로 항상 배우는 자세를 유지해야 한다. 무인카페를 제외하면 목돈이 들지 않는다. 자신의 현재 상황에 따라 여덟 가지 부업 중 최적이라고 생각하는 일부터 시작하자.

노트북 하나로 시작해
월 1,000만 원 버는
34세 부업의 신

초판 1쇄 인쇄 2022년 11월 1일
초판 1쇄 발행 2022년 11월 15일

—

지은이 한기준
펴낸이 김호석
펴낸곳 도서출판 대가
편집부 주옥경·곽유찬
디자인 전영진
마케팅 오중환
경영관리 박미경
영업관리 김경혜

—

주소 경기도 고양시 일산동구 무궁화로 32-21, 로데오메탈릭타워 405호
전화 02) 305-0210
팩스 031) 905-0221
전자우편 dga1023@hanmail.net
홈페이지 www.bookdaega.com

—

ISBN 979-11-92575-07-0 (13190)